# DE
# La Politique
## FRANÇAISE

NÉCESSITÉ POUR ELLE D'UNE ORIENTATION DÉFINITIVE

Par CHARLES LELORRAIN

> O patrie! ô patrie! ineffable mystère!
> Mot sublime et terrible! inconcevable amour!
> L'homme n'est-il donc né que pour un coin de terre,
> Pour y bâtir son nid, et pour y vivre un jour?
>
> ALFRED DE MUSSET.

PARIS
BERGER-LEVRAULT ET Cie, LIBRAIRES-ÉDITEURS
5, rue des Beaux-Arts, 5
MÊME MAISON A NANCY

1886

DE

# LA POLITIQUE

FRANÇAISE

NANCY, IMPRIMERIE BERGER-LEVRAULT ET Cie.

DE

# La Politique

## FRANÇAISE

NÉCESSITÉ POUR ELLE D'UNE ORIENTATION

DÉFINITIVE

Par CHARLES LELORRAIN

Ô patrie ! ô patrie ! ineffable mystère !
Mot sublime et terrible ! inconcevable amour !
L'homme n'est-il donc né que pour un coin de terre,
Pour y bâtir son nid, et pour y vivre un jour ?

ALFRED DE MUSSET.

PARIS

BERGER-LEVRAULT ET Cie, LIBRAIRES-ÉDITEURS

5, rue des Beaux-Arts, 5

*MÊME MAISON A NANCY*

1886

# DE

# LA POLITIQUE FRANÇAISE

## CHAPITRE PREMIER.

La prospérité d'un peuple dépend surtout de l'esprit de suite qui préside à sa politique dans la succession des siècles.

L'homme, obéissant comme l'animal aux impulsions de sa nature, suit son instinct avant de raisonner; tout ce qui ne le concerne pas directement le laisse indifférent, les exigences de la société le révoltent, les liens de la famille même l'embarrassent et il a une tendance bien marquée à s'en affranchir. Mais la dure expérience l'oblige bientôt à réfléchir; sa raison lui fait comprendre les avantages de ces liens, la nécessité de ces règles sociales dont l'observation semblait d'abord si pénible; sa faiblesse, son isolement lui apparaissent à ses premiers pas dans la vie et il accepte, sinon avec empressement, du moins avec une résignation absolue, les préceptes de cette éducation morale sans laquelle aucune société ne pourrait subsister, sans laquelle aucun homme ne vivrait heureux et tranquille. Fruits de l'expérience des siècles, expression des progrès de la civilisation, ces préceptes nous sont inculqués dès l'enfance; maintes fois on les a commentés devant nous, nous les voyons appliquer tous les jours, ils sont devenus pour tout le monde comme un ensemble de puissants préjugés au-dessus de toute discussion, et quand la passion ne nous aveugle pas, quand un intérêt personnel et immédiat n'exerce pas sur notre volonté une pression irrésistible, nous leur obéissons comme aux impulsions mêmes de la nature.

L'éducation de l'individu s'est étendue à la famille, à la collectivité, à la société; aussi la législation des peuples découle-t-elle tout naturellement de ces principes moraux auxquels les particuliers obéissent. Le contraire ne s'est jamais vu que là où la volonté particulière d'un maître ou d'une caste s'est substituée par la violence, la ruse ou l'habileté, à la volonté générale. Tels instincts, telle morale; telle morale, telle législation.

Cependant, si l'homme suit d'ordinaire une règle bien déterminée dans sa vie privée et ses relations sociales, il oublie souvent de s'en tracer une particulière pour la direction de sa fortune dans le milieu où le sort l'a placé; autrement dit, il ne propose aucun but bien défini à son activité; ou bien, s'il s'en propose un, il n'étudie pas toujours suffisamment les voies et moyens nécessaires pour l'atteindre. Nous voyons, en effet, des gens très intelligents, très honnêtes à tous les points de vue, mener leur barque de travers, travailler sans profit, sinon pour leur intelligence, du moins pour leur avenir, et échouer dans leurs entreprises. Quand parfois un homme sait tirer parti des circonstances et porte sa fortune à un certain degré d'élévation, ses fils viennent détruire en peu de temps l'édifice édifié avec tant de persévérance et de bonheur. La raison en est bien simple : l'esprit de suite qui avait présidé à la conduite du père a été méconnu par ses successeurs.

Si l'on veut marcher dans la bonne voie, il faut d'abord la tracer, connaître le terrain où elle se développera, ses circuits nécessaires, prévoir les obstacles qu'elle rencontrera et chercher longtemps à l'avance les moyens d'en triompher. Pour avoir compris ou méconnu ces principes, certaines familles, certaines associations, certaines castes ont vu leur fortune briller d'un vif éclat et disparaître presque aussitôt, quand d'autres se perpétuaient et progressaient d'une manière lente mais sûre. Le même spectacle se représente dans la vie des peuples : Philippe et Alexandre conquièrent le monde en quelques années ; leur puissance, semblable à un éblouissant météore, après avoir rempli les esprits d'étonnement, s'élève très haut et disparaît avec eux ; Rome croît lentement, méthodiquement, mais elle étend ses conquêtes plus loin que les héros macédoniens, elle le sconserve pendant plusieurs siècles, et sa civilisation se transmet d'âge en âge.

Je vais rechercher, non comme l'a fait Montesquieu dans son remarquable ouvrage sur les *Causes de la grandeur et de la décadence des Romains,* les raisons nombreuses et diverses de la fortune de certains peuples, mais la cause primordiale, unique et nécessaire de toute prospérité politique, cause que les écrivains n'ont pas mise suffisamment en relief, à mon avis, dans leurs histoires générales ou particulières ; je la chercherai notamment dans l'histoire de l'Angleterre et de la Prusse, puis j'examinerai rapidement les hommes, les castes et les institutions dans lesquels elle s'est pour ainsi dire incarnée; je dirai ensuite si elle a existé dans l'ancienne monarchie française, dans les gouvernements qui se sont succédé depuis la Révolution, enfin s'il ne serait pas possible de la dégager aujourd'hui, d'écarter tout ce qui lui fait obstacle, de lui rendre, en un mot, sa puissance d'action pour le bonheur et la plus grande gloire de notre cher pays, et même dans l'intérêt plus général de la civilisation.

Cette cause n'est rien autre chose que l'esprit de suite, réfléchi, méthodique, dans la direction imprimée à la marche politique d'un peuple, c'est-à-dire à son gouvernement intérieur et extérieur; l'examen très sommaire des événements historiques va nous le démontrer. Cependant, on peut avoir de l'esprit de suite dans le mal comme dans le bien, on peut mettre au service de sa fortune la violence, l'injustice, aussi bien que la modération et le droit; les voies criminelles semblent même nous conduire au but plus rapidement et plus sûrement. D'un autre côté, on peut avoir de l'esprit de suite dans le développement de la législation intérieure et ne pas en avoir dans les relations étrangères; telle politique, très judicieuse à l'égard d'un peuple voisin, peut être défectueuse à l'égard d'un autre. Eh bien! malgré la nature très complexe en apparence de cette cause, nous dirons, *a priori*, qu'elle consiste dans le sentiment et l'intelligence du droit. En effet, l'homme juste ne veut jamais que ce qui lui appartient; s'il est intelligent — et il est difficile d'être vraiment juste sans être intelligent — il trouvera toujours les moyens de se mettre en possession de son bien, de le conserver et de le défendre contre toutes les convoitises. Il en sera de même d'un peuple : juste, il ne recherchera point les conquêtes, mais revendiquera toutes les terres cultivées par ses ancêtres, tous les débouchés indispensables à son commerce, toutes les frontières nécessaires à sa sécurité. Intelligent, il donnera à ses jeunes gens une éducation virile, des principes capables d'entretenir dans leur cœur l'amour de la Patrie et de l'indépendance ; il développera leur force physique par une éducation et des exercices rationnels ; il augmentera cette force naturelle, cette fierté, ce courage, de tous les engins de guerre perfectionnés ; il demandera à ses hommes mûrs d'accumuler par leur travail et leur industrie le matériel et les richesses nécessaires pour soutenir toute guerre défensive ou offensive ; il recommandera à ses vieillards, à ses fonctionnaires, la prudence dans le conseil, la constance dans l'adversité, la modération dans la victoire ; il exigera de tous, outre le respect de la loi et l'obéissance aux magistrats, le désintéressement le plus absolu et la subordination complète de l'intérêt privé à l'intérêt général ; enfin il assurera par des lois, par des instructions traditionnelles, des institutions stables, la marche uniforme de son développement matériel et moral, prenant bonne note des fautes passées, prévoyant l'avenir dans la mesure du possible et ne se laissant détourner de sa ligne politique par aucun événement ni aucune considération particulière.

Le sentiment et l'intelligence du droit feront donc naître naturellement la science politique et économique en même temps qu'ils en assureront à perpétuité les applications et les bienfaits. Avec cet esprit de suite, il n'est pas un seul des grands peuples modernes qui ne puisse aspirer à vivre de longs siècles.

En résumé, si j'osais formuler un programme, je dirais qu'un peuple doit considérer plusieurs choses : l'étendue du territoire indispensable, non pas à son expansion, mais à son activité, surtout à sa sûreté ; les débouchés coloniaux ou autres nécessaires, non pas à sa richesse, mais à son bien-être ; son perfectionnement moral et matériel, enfin son action sur la civilisation de l'humanité. Toute idée juste de l'une ou l'autre de ces choses devient une cause particulière de prospérité ; toute idée fausse, une cause de décadence ou d'avortement. La conception claire et précise de toutes ces choses, la réalisation constante et méthodique de cette conception dans les faits, deviendra cette cause générale de grandeur que nous avons définie *a priori* : le sentiment et l'intelligence du droit.

Tout d'abord, j'étudierai seulement l'histoire des trois grands peuples de l'Europe occidentale, les plus importants par leur population, leur richesse, leur puissance, leur civilisation et l'ancienneté de leur origine. Je laisserai de côté l'Italie monarchique, née d'hier à la vie politique, sortie du néant, non par ses efforts, mais par ceux de ses voisins, trop disposée à tirer parti de leurs rivalités, oublieuse de toute reconnaissance pour les services rendus, décidée, pour assouvir ses appétits juvéniles, à tous les compromis, même avec les ennemis séculaires de sa race, de sa religion, de ses institutions ; destinée, si elle ne revient à de meilleurs sentiments, à rentrer dans le chaos dont trois coups inespérés du sort l'ont fait émerger. Je laisserai encore de côté l'Espagne, noble peuple qu'une fatalité incompréhensible semble pousser aux abimes depuis que son grand monarque, Charles-Quint, a été sur le point de réaliser à son profit la monarchie universelle. Je ne dirai rien non plus de l'Autriche, agglomération de nationalités différentes, réunies sous un même sceptre par les vicissitudes politiques, alliées par des intérêts communs et dont l'union sera certainement durable si elles persistent à soutenir le gouvernement parlementaire et démocratique qui fait leur prospérité et leur force. L'Autriche n'est pas un peuple, néanmoins elle peut devenir le noyau d'une puissante République fédérative, au même titre que les États-Unis d'Amérique. Je ne parlerai donc que de l'Allemagne, de l'Angleterre et de la France, ces trois colonnes de la civilisation dont les origines se perdent dans la nuit des temps.

---

## CHAPITRE II.

De la politique de la Prusse depuis son origine jusqu'à nos jours.

L'Allemagne, située au centre de l'Europe, s'est maintenue indépendante depuis les temps les plus reculés pour deux raisons : la première, parce que son sol humide, froid, peu fertile, n'a jamais excité réellement la convoitise de ses voisins; la seconde, parce que les peuples dont elle est formée, quoique souvent en guerre les uns contre les autres, se sont toujours réunis pour opposer une résistance sérieuse aux envahisseurs. Si elle eût été une proie enviable, elle aurait, comme la Grande-Bretagne, la Gaule, l'Ibérie, l'Italie, la Grèce, la péninsule des Balkans et les contrées arrosées par le Rhin et le Danube, subi de nombreuses invasions. Les Romains, les Goths, les Huns l'ont dédaignée, et ses habitants eux-mêmes, anciens et modernes, ont toujours eu une tendance bien marquée à l'émigration.

Au moment où l'Empire romain refoulait loin de ses frontières les Barbares qu'il ne pouvait s'assimiler, il y avait cependant quelques peuples moins favorisés encore que les Germains : les Scandinaves et les Danois dans les deux grandes péninsules du Nord, et les Slaves au Nord-Est. C'étaient là, on peut le dire, les seuls ennemis naturels de la Germanie. Heureusement pour elle, ces peuples de l'extrême Nord trouvèrent, dès le début de leurs migrations, deux contrées plus riches, la Grande-Bretagne et le nord de la Gaule, où ils s'établirent. Épuisés par cet effort, les Danois et les Scandinaves étaient dès lors et devaient rester condamnés à l'impuissance. Les tentatives qu'ils firent dans la suite, malgré de rapides et brillants succès, échouèrent à cause de leur petit nombre et de la masse résistante opposée à leurs efforts.

Les Slaves et les Russes n'ont entamé la Germanie qu'incidemment; le Sud seul les attirait, et cette dérivation de la force envahissante, en affaiblissant les Slaves des bords de la Vistule et de la Baltique, a sauvé l'Allemagne d'une série d'invasions.

Son indépendance, assurée pour ces raisons presque fatalement, ne devait subir d'atteintes qu'accidentellement et à l'intérieur. Divisée en souverai .etés nombreuses plus ou moins indépendantes, soumise à tous les inconvénients de l'anarchie féodale, elle ne pouvait guère étendre son action au dehors. Tantôt une famille s'élevait au-dessus des autres, tantôt un peuple acquérait sur ses voisins de même race une prépondérance plus ou moins marquée, mais ces événements, qui modifiaient la carte du sol germanique, ne compromettaient pas du moins son intégrité. Sa conquête, sous Charlemagne, par les Francs sortis de ses entrailles quatre siècles auparavant, n'a été qu'un accident, je le répète, et comme une sorte de choc en retour; nous en dirons autant de son asservissement par Napoléon, qui lui a rendu l'incomparable service de porter chez elle nos arts, nos idées, et de préparer son unité politique.

Chose singulière, ce peuple, le plus considérable de

l'Europe, n'a eu presque aucune influence sur les destinées du monde; dans son histoire, aucune épopée glorieuse, aucune conquête lointaine, aucune de ces expéditions étonnantes, de ces expansions subites et prodigieuses qui ont immortalisé les Grecs, les Romains et les Français. Sans les guerres de 1866 et de 1870, on aurait même pu se demander s'il deviendrait jamais un ennemi redoutable des libertés et de l'indépendance de l'Europe. Aujourd'hui, le voile est déchiré, les digues de l'Allemagne se sont rompues et nous n'avons plus qu'à crier bien haut : *Caveant consules!*

Les maisons souveraines d'Allemagne, si l'on excepte celle de Brandebourg, ne semblent pas avoir adopté dans leur politique une ligne de conduite bien déterminée, aussi voyons-nous tour à tour le triomphe des maisons de Franconie, de Saxe, de Souabe, de Bavière et d'Autriche. Les margraves de Brandebourg, princes moins puissants, ne manifestèrent pas tout d'abord de desseins trop ambitieux; cependant, dès les temps les plus reculés, on peut constater à chaque heure de leur histoire cet esprit de suite, cette marche patiente et constante vers un but précis, qui devait les porter au faite de la grandeur.

Les Danois, maitres de la Norwège, s'étaient étendus sur les bords de la Baltique; leur objectif devait être une extension graduelle entre l'Oder et la Vistule, en remontant le cours de l'Elbe; ils préférèrent se lancer au dehors, loin de leur point d'appui, sur de plus riches contrées et préparèrent par là leur inévitable décadence. La Suède se trouvait dans les mêmes conditions que le Danemark, elle avait les mêmes intérêts et néanmoins commit les mêmes fautes. Si l'union décrétée en 1397 par les États de Calmar avait subsisté, ces trois fractions d'un même peuple eussent pu tenir l'Allemagne en échec, l'empêcher en tout cas de jamais conquérir le Schleswig, le Holstein, le Lauenbourg, et de s'établir sur la Baltique ; l'Allemagne serait restée une puissance continentale, enclavée au milieu de l'Europe, sans issue sur les mers ; elle y aurait joué un rôle pacifique et serait demeurée un obstacle infranchissable à toute conflagration générale.

La Confédération germanique eut toujours, en effet, un caractère essentiellement défensif, par conséquent pacifique, tandis que la Confédération de l'Allemagne du Nord a pris sur-le-champ une attitude belliqueuse et agressive : les derniers événements en ont fait comme le foyer d'où sortiront d'inévitables guerres dans un temps plus ou moins prochain, à l'Est, avec la Russie dont elle menace les frontières, au Sud, avec l'Autriche, dont le démembrement est nécessaire à l'unité allemande, à l'Ouest, avec la France, dont l'intégrité territoriale est compromise et qui ne peut accepter la situation qui lui est faite sans souscrire à sa déchéance définitive. Les peuples du Nord, malgré l'épuisement produit par leurs anciennes migrations, pourront encore, s'ils sont unis, jouer un rôle important dans une guerre universelle. Les brillantes conquêtes de Gustave-Adolphe, les exploits héroïques de Charles XII, enfin la guerre de 1848 et surtout celle de 1864, cette lutte de deux géants contre un pygmée, dans laquelle l'Autriche a si complaisamment joué vis-à-vis de son compère Bertrand le rôle de Raton, ces guerres, dis-je, ont prouvé les aptitudes militaires et la force de résistance de ces vaillantes populations du Nord.

Énumérons succinctement les agrandissements successifs de la Prusse.

Pour refouler les Slaves, l'empereur Henri Ier avait fondé, vers 930, la Marche du Nord ou de la Saxe septentrionale, la Marche moyenne, les Marches de Priegnitz et de l'Ucker et la Marche orientale ou Lusace. Albert l'Ours ne possédait que le comté d'Ascanie lorsqu'il reçut, en 1134, de l'empereur Lothaire, le margraviat de Brandebourg, qui devint le noyau de la monarchie prussienne. Sa famille s'étant éteinte, le margraviat fut donné à des princes de la maison de Bavière et de Luxembourg; enfin, par la grâce de l'empereur Sigismond, il tomba en 1417 entre les mains du burgrave de Nuremberg, Frédéric VI de Hohenzollern. Son fils, Frédéric II, achète la Nouvelle-Marche; Joachim Ier acquiert le comté de Ruppin en 1524; Joachim II se déclare pour la Réforme; Joachim-Frédéric veut prématurément s'emparer du duché de Prusse; Jean-Sigismond hérite de Clèves, de la Marck et de Ravensberg (1614), enfin du duché de Prusse, dépendant jusque-là du royaume de Pologne (1618). Frédéric-Guillaume acquiert la Poméranie ultérieure, l'archevêché de Magdebourg, les évêchés de Halberstadt, de Minden, de Camin et le comté de Hohenstein. Il accueille les protestants français bannis par suite de la révocation de l'édit de Nantes, qui vont initier ses peuples à nos arts et à notre industrie. L'électeur Frédéric III s'enrichit de Nordhausen, de Quedlimbourg en Saxe, de Tecklembourg en Westphalie, de Meurs près du Rhin, et même de Neuchâtel et de Valengin en Suisse. En 1701, il se sent assez riche et assez puissant pour se mettre une couronne royale sur la tête.

En 1714, Frédéric-Guillaume Ier réunit la Haute-Gueldre à ses possessions, enlève Stettin à la Suède avec la moitié de la Poméranie citérieure et les îles d'Usedom et de Wollin. De 1740 à 1786, Frédéric II hérite de l'Ostfrise, s'empare de la Silésie sur la maison d'Autriche, démembre la Pologne avec la Russie et l'Autriche et prend pour sa part le duché de Posen. Frédéric-Guillaume II conquiert les provinces qui devaient composer, sous Napoléon, le grand-duché de Varsovie; mais après 1815, il ne recouvre que le duché de Posen. Pour le dédommager, on lui remet les deux tiers de la Saxe, la Poméranie suédoise, la Westphalie et la rive gauche du Rhin. La Prusse met cinquante ans à digérer, à s'assimiler ces gros morceaux; elle organise son armée sur un nouveau pied, et quand elle se sent prête elle essaye ses forces en 1848 d'abord, puis en 1864, cette fois prudemment, en s'associant avec l'Autriche contre le Danemark. Maîtresse du Schleswig, du Holstein et du Lauenbourg, elle exclut violemment, en 1866, l'Autriche de la Confédération germanique, met la main sur le Hanovre, la Hesse-Cassel, la Hesse-Hombourg, le duché de Nassau, la ville libre de Francfort et sur une partie de la Franconie bavaroise; elle laisse un semblant d'indépendance au grand-duché de Bade, aux royaumes de Wurtemberg, de Saxe et de Bavière, enfin en 1870, avec toute l'Allemagne qu'elle entraîne à sa suite, elle prend à la France l'Alsace et une partie de la Lorraine.

Ne vous semble-t-il pas entendre l'histoire d'une de ces familles de paysans laborieux et économes, comme on en rencontre encore beaucoup dans nos campagnes? Il ne sort de chez eux que la fumée; ils tirent parti de tout, intentent d'injustes procès à leurs voisins, achètent un jour un champ, le lendemain une prairie, puis un bois. Au bout d'un certain temps ils possèdent des parcelles plus ou moins importantes sur tous les finages du canton. Cette famille n'a jamais qu'un seul et unique héritier qui suit invariablement le même chemin : il ne prête qu'à bon escient et à gros intérêts, ne joue pas à la Bourse, ne se lance dans aucune entreprise aléatoire, attendant tout du temps et de la sottise de ses voisins. Il y a bien un grand seigneur dans le pays, mais ce fou mène grand train. Il est batailleur; tantôt il va guerroyer contre les Sarrasins en Palestine, tantôt il fait la guerre au Pape, au Grand-Turc ou au roi de France. A bout de ressources, il s'adresse à ce riche paysan. Afin de payer les intérêts de l'argent qu'on lui prête, il abandonne une à une toutes les terres de sa seigneurie, enfin arrive le jour où, ruiné, déconsidéré, affaibli, il disparait, laissant la place au hobereau qui n'a plus qu'un très petit sacrifice d'argent à faire pour obtenir de la chancellerie européenne le titre porté auparavant par sa dupe et sa victime.

La politique de la maison de Brandebourg n'avait donc rien de compliqué ni de machiavélique, elle a toujours été au contraire la plus simple du monde. S'agrandir peu à peu, saisir les villes et les territoires à portée de sa main, se fortifier longtemps dans les positions conquises, se mettre toujours du côté du plus fort, accabler les faibles, enfin, répudiant tout esprit chevaleresque, ne jamais guerroyer au dehors : telle a été cette politique. Les princes de cette maison n'ont pas ambitionné de vains titres dont l'éclat se paie parfois si cher; sans doute, de margraves ils sont devenus grands-électeurs, puis rois; mais ces dénominations confirmaient purement et simplement des situations acquises, et il est à remarquer que, plus puissants que les princes de Souabe, de Franconie, de Saxe et de Bavière, ils n'ont, à aucune époque de l'histoire, brigué la couronne impériale, si lourde, si onéreuse à porter. Lorsque Guillaume s'est fait enfin élire empereur, ce n'était pas la couronne d'Allemagne dont il ceignait sa tête, il ne faut pas s'y tromper, c'était la couronne royale de sa maison qu'il transformait pour affirmer le triomphe de la Prusse protestante sur l'Autriche catholique. Le protestantisme a été, en effet, son plus solide point d'appui et l'élément qui lui a permis, en 1866, d'établir son hégémonie sur la Confédération germanique.

Un seul prince parut rompre un instant avec les règles traditionnelles de la maison de Brandebourg, mais c'était un génie aventureux, un élève des philosophes français. Frédéric II, en effet, semble avoir lutté contre deux puissants empires : en réalité, il a combattu une faible femme, mal servie par ses généraux, longtemps abandonnée de ses peuples, et contre le prince incapable d'une nation en mal de révolution, prince plus préoccupé de ses plaisirs que de ses intérêts, nation plus avide de réformes intérieures que de puissance territoriale.

Marie-Thérèse et Louis XV étaient des adversaires comme il en a toujours fallu à la Prusse, et c'est l'impéritie d'un nouvel adversaire de ce genre qui a assuré son triomphe définitif. Certes, le prince de Bismarck est un ministre habile, cependant les fautes énormes commises par ses adversaires l'ont plus servi que toute son habileté. Dès la fin des guerres de l'Empire, la Prusse se disposait à lutter contre la Confédération et la prédominance de la maison d'Autriche. En 1848, ses plans allaient être entravés, sinon renversés, par une révolution inattendue, lorsque Lamartine lança ce manifeste pacifique, mais absolument impolitique, par lequel il avertissait les révolutionnaires allemands de n'avoir point à compter sur la France. Comment! un ministre révolutionnaire osait dire aux peuples de l'Europe: Gardez-vous bien de faire ce que nous faisons chez nous! Si vous renversez vos rois, vous n'avez aucun secours à attendre de la République française! — Eh! qui vous priait de parler? Quelle furieuse démangeaison aviez-vous de faire cette pompeuse proclamation? Par quelle aberration la nouvelle République prenait-elle un poète, un légitimiste, pour ministre de ses affaires étrangères? Est-ce que la Prusse a jamais lancé des manifestes? Oui, une fois; mais elle sait ce que lui ont coûté les rodomontades du duc de Brunswick. Non seulement Lamartine, par sa politique, a conjuré une guerre générale et nous a empêchés de reprendre notre frontière du Rhin, mais en comprimant la propagande révolutionnaire au dehors, il a excité les passions à l'intérieur, fait naitre les journées de Juin et assuré le triomphe de la réaction en France et en Europe. Si la guerre est une grande calamité, la paix impolitique, la paix à tout prix, entraine à de plus graves conséquences: tel un blessé se condamne à une mort certaine en reculant devant une opération chirurgicale absolument nécessaire.

Un peuple républicain n'a qu'une chose à dire à ses voisins, ce qu'a dit la Convention aux peuples de l'Europe: « Nous sommes solidaires; quand vous lutterez sérieusement pour votre liberté, pour les droits imprescriptibles de l'humanité, vous nous trouverez à vos côtés. » Cependant, il y a mieux à faire encore, c'est de se taire et d'agir; on ne risque pas ainsi de se lancer à l'aveuglette et sans préparation dans les aventures.

Lorsque le directeur de la politique prussienne, une fois le grand danger de 1848 passé, vit Napoléon III s'engager dans une guerre contre la Russie, l'alliée naturelle de la France, l'ennemie-née de la Prusse malgré l'alliance des souverains, il dut concevoir toutes les grandes espérances qui se sont réalisées depuis. Et quand ce même Napoléon déclara la guerre à l'Autriche, faisant ainsi le jeu de son adversaire, les irrésolutions du prince de Bismarck, s'il en eut jamais, durent être définitivement écartées : le succès de ses plans, le couronnement de la politique séculaire de la Prusse, étaient certains. Si vous ajoutez aux fautes du second empire les expéditions de Rome, de Syrie, de Chine, du Mexique; à l'intérieur la corruption dans les sphères gouvernementales et le désordre administratif, l'équilibre était rompu, vous le comprendrez sans peine, la Prusse pouvait tout oser et l'issue de la lutte n'était plus douteuse.

J'ignore si les Électeurs de Brandebourg et les rois de Prusse ont eu de tout temps un conseil privé ou un conseil d'État dont ils ont suivi les avis, mais on remarque certainement dans leur conduite politique un esprit de suite incontestable et la trace de principes dont ils ne se sont jamais départis. Que cet esprit de suite, que ces principes aient été le résultat d'une étude persévérante ou tout simplement d'une tradition constante dans la famille souveraine, peu importe; ils existent, ils ont existé, on les suit pas à pas, ils ont produit leurs fruits, c'est tout ce que nous voulions faire remarquer.

Le nouvel empereur est-il resté fidèle aux principes du roi de Prusse? Non. Le succès l'a enivré, comme c'est l'ordinaire. Après avoir groupé les éléments protestants, il a voulu étendre sa domination sur d'autres peuples; il a déjà saisi la Bavière, malgré les tendances évidentes qui entraînaient celle-ci vers l'Autriche; il convoite, sous prétexte de réaliser l'unité germanique, les provinces allemandes de cette dernière, bien qu'elles soient catholiques. Or, malgré l'affaiblissement du sentiment religieux, il y a et il y aura encore pendant longtemps incompatibilité d'humeur entre l'Allemagne luthérienne et l'Allemagne catholique.

Mais la Prusse a commis une autre faute : après avoir compris avec raison l'utilité d'une union intime entre tous les peuples d'origine germanique, elle a porté la main sur une partie de la Pologne catholique et slave, sur une partie du Danemark, sur l'Alsace et la Lorraine réunies à la France depuis deux siècles et provinces essentiellement gauloises; elle a englobé dans ses frontières, et de trois côtés, des éléments qu'elle ne s'assimilera jamais malgré la brutalité de ses procédés, éléments qui constituent pour l'avenir des causes permanentes de guerre avec la Russie, d'un côté, avec la France, de l'autre. Cependant, étant donnée cette orgueilleuse ambition si complaisamment étalée depuis quinze ans, on peut supposer qu'elle a intentionnellement posé à l'Est et à l'Ouest deux pierres d'attente auxquelles elle entend bien rattacher les conquêtes futures qui établiront à son profit en Europe, sinon la monarchie universelle, du moins le rétablissement d'une sorte d'empire romain. Son dédain pour toute expansion coloniale, — car la conduite actuelle du chancelier n'est qu'une concession à l'opinion publique allemande, — vient à l'appui de cette hypothèse : à quoi bon coloniser l'Asie et l'Afrique, à grand renfort d'hommes et d'argent, lorsqu'on espère recueillir un jour le bénéfice des efforts des autres ? La Prusse est donc entrée, à mon avis, dans cette voie qui conduit peut-être à une plus grande fortune momentanée, mais au bout de laquelle apparait l'inéluctable catastrophe réservée à tout gouvernement tyrannique, à quiconque veut trop embrasser. La Prusse a eu le sentiment et l'intelligence de son droit lorsqu'elle a voulu réunir sous sa direction les peuples protestants allemands ; en faisant plus elle a méconnu ce sentiment et cette intelligence, aussi j'espère qu'elle en portera la peine. Je l'espère, car rien ne l'arrêtera. Monarchie constitutionnelle en apparence, elle est en réalité absolue. Les Chambres et Parlements divers, dont l'Allemagne du Nord s'est payé le luxe, ne pèsent pas plus sur la politique de la maison de Brandebourg que le Corps législatif et le fameux Sénat conservateur ne pesaient sur les résolutions des Napoléon ; les échecs parlementaires ne l'intimident pas, elle ne tient compte ni des intérêts religieux ni des aspirations libérales de ses sujets et poursuit sa marche ambitieuse envers et contre tous. L'Allemand, né soumis, est façonné de longue main à la rude discipline prussienne ; s'il éprouve le besoin de jouir de plus de liberté, il se contentera de murmurer bien bas et ne cherchera jamais à s'affranchir par la force.

## CHAPITRE III.

**De la politique traditionnelle de l'Angleterre. Circonstances qui favorisèrent le développement de ses libertés.**

La monarchie prussienne commence au XVII^e^ siècle avec l'électeur Frédéric-Guillaume ; la monarchie anglaise au XI^e^ siècle avec Guillaume le Conquérant ; la monarchie française au X^e^ siècle avec Hugues Capet. La maison de Brandebourg, d'une origine obscure, dut d'abord se préoccuper d'augmenter sa puissance territoriale, puis de monter dans la hiérarchie féodale du rang modeste de margrave à celui d'empereur, en passant par ceux de prince-électeur et de roi. La maison capétienne eut du premier coup le pouvoir suprême, mais elle fut obligée, comme les monarques prussiens, d'agrandir peu à peu ses possessions personnelles et de les rendre dignes par leur importance de la majesté royale. La maison d'Angleterre, elle, eut dès le premier jour titre et puissance, et les différences de situation, à l'origine de ces trois monarchies, expliquent aisément celles que l'on peut remarquer dans leur politique.

Guillaume le Conquérant, du consentement des seigneurs et des aventuriers dont son armée était composée, se déclara propriétaire du sol de l'Angleterre qu'il partagea avec ses compagnons ; ceux-ci, à leur tour, concédèrent des domaines à leurs serviteurs, à leurs hommes d'armes, et le régime féodal, résultat en France d'une longue anarchie, se trouva institué en Angleterre, de fait et en droit, au début de la conquête. Ce partage se fit avec une certaine égalité qui rendit les barons anglais à peu près aussi riches et puissants les uns que les autres, à la différence de ce qui existait sur le continent où, à côté de seigneurs très pauvres, quoique souverains dans leurs domaines, on en voyait d'autres très riches, dont la puissance contre-balançait, quand elle ne surpassait pas, celle du suzerain. Afin de lutter contre cette redoutable féodalité, le roi de France va s'allier avec le peuple qui, pressuré par ses seigneurs, le soutiendra sans cependant en retirer aucun bénéfice ; pour maintenir leurs prérogatives, les barons anglais, réunis dans un intérêt commun contre le roi, s'allieront à la bourgeoisie des villes, mais celle-ci n'accordera son concours qu'en échange de libertés et de droits parfaitement garantis. Le développement de ces deux politiques opposées fera de la France une monarchie absolue, de l'Angleterre une véritable oligarchie, dans laquelle la royauté, les barons et la bourgeoisie, représentée par les communes, se feront échec réciproquement et se maintiendront dans une indépendance relative.

En France, les inconvénients de la féodalité apparurent dès son origine sans aucun des résultats heureux auxquels elle donna lieu en Angleterre ; ici elle ne compromettait pas la couronne, elle lui servait seulement de contre-poids, aussi devait-elle se maintenir jusqu'à nos jours ; chez nous, au contraire, les Armagnac, les ducs de Bretagne, de Champagne, de Normandie et surtout de Bourgogne, visant à une indépendance absolue, menaçaient perpétuellement la royauté, et la lutte devait durer jusqu'à l'écrasement de l'un des deux pouvoirs.

A la mort du Conquérant, les barons désiraient maintenir l'union de l'Angleterre et de la Normandie; Guillaume II s'y refusa; il voulait bien que le duc de Normandie restât vassal du roi de France, mais non le roi d'Angleterre. Henri Ier, pour obtenir la paix, accorda une charte favorable aux barons, puis, afin de se concilier les Saxons vaincus, il épousa une descendante de leurs anciens rois. Henri II possédait sur le continent la Normandie, l'Anjou, le Périgord, l'Angoumois, le Limousin, l'Auvergne; par le mariage de son fils avec la fille de Conan, duc de Bretagne, il allait augmenter ses possessions de cette importante province. Le roi de France paraissait bien petit à côté de ce vassal, et cependant telle était déjà la puissance morale de la royauté que le roi d'Angleterre n'eut pas alors l'idée de réunir sur sa tête les deux couronnes, ce qu'il pouvait faire, non sans lutte, certainement, néanmoins avec plus de chance de réussite que cent cinquante ans plus tard.

Après la victoire des Normands, l'Écosse avait rendu hommage à Guillaume; cette vassalité nominale ne pouvait contenter le vainqueur, aussi Henri en entreprit-il la conquête, ainsi que celle de l'Irlande. Le mouvement qui entrainait alors la chrétienté vers l'Orient arrêta l'exécution de ces plans. Richard Cœur-de-Lion va en Palestine avec Philippe-Auguste et l'empereur d'Allemagne Frédéric Barberousse; il mène une vie d'aventurier, et son rival s'empresse de menacer ses possessions continentales, qu'il ne tarde pas à enlever à la couronne d'Angleterre sous Jean sans Terre. Les barons anglais, unis aux bourgeois de Londres, profitent des embarras de leur souverain pour lui arracher, en 1215, la grande charte. Henri III, en la confirmant, put rétablir son autorité en Angleterre; malgré cela, les barons lui imposèrent de nouvelles concessions consignées dans les statuts d'Oxford (1258). Édouard Ier, après avoir payé tribut à la maladie de l'époque en suivant saint Louis en Orient, revint bientôt s'occuper de ses affaires. Il soumit un instant l'Écosse et le pays de Galles. De son règne datent les institutions parlementaires et le droit concédé aux communes de voter l'impôt. Édouard III, ayant reconquis l'Écosse, entreprend cette longue lutte qui devait ruiner la France et l'Angleterre. Commencée cent cinquante ans plus tôt, elle eut eu quelque chance de se terminer au profit des princes normands, mais en 1340 les caractères des deux nationalités s'étaient accentués, les antipathies entre les deux pays s'étaient développées, l'Angleterre ne pouvait pas plus conquérir la France que celle-ci ne pouvait conquérir l'Angleterre; c'était donc une guerre insensée. Les princes français surtout, en s'alliant aux Anglais, commettaient une faute et un crime : une faute puisqu'en triomphant du roi de France ils fussent retombés sous la vassalité du roi d'Angleterre, un crime puisqu'ils trahissaient leur suzerain et combattaient leurs compatriotes.

Henri V se crut un instant maitre de la France, Henri VI perdit tout, et la guerre des Deux-Roses désola l'Angleterre jusqu'au moment où Henri VII prit le parti de s'occuper un peu moins des affaires du dehors pour soigner celles de l'intérieur. Il contint l'aristocratie et favorisa l'expansion coloniale de son pays, si admirablement situé pour les opérations maritimes : c'est, en effet, sous son règne, qu'une flotte anglaise découvrit Terre-Neuve. Sous son successeur, Henri VIII, la réforme religieuse vint seconder la nouvelle ligne de conduite qui devait porter l'Angleterre à un si haut point de prospérité. En se séparant de Rome, elle s'affranchissait d'une tutelle gênante, surtout onéreuse. Qui peut dire combien de millions sont sortis de France pour aller alimenter la caisse des papes ? Henri VIII acheva la conquête du pays de Galles. Marie Tudor, pour s'être unie à Philippe II, roi d'Espagne, qui ne pouvait lui être d'aucune utilité, perdit Calais ; mais à partir d'Élisabeth, la politique de nos voisins se dessine, se perpétue avec cette unité de vues, cette constance dans l'exécution, cette intelligence et cette sobriété des moyens qui amènent et fixent la fortune. La marine se développe et se perfectionne, des ouvriers étrangers sont attirés, une bourse de commerce est fondée, de nombreuses expéditions maritimes sont tentées.

Malheureusement les idées religieuses et les tendances absolutistes de Charles Ier amènent une révolution prématurée ; les communes se déclarent indépendantes, mais l'élément militaire l'emporte, et au lieu d'un roi, le pays subit un dictateur. Néanmoins Cromwell, fidèle aux nouveaux principes de gouvernement, triomphe des Espagnols et s'empare de la Jamaïque. L'indolence de son fils prépare la restauration des Stuarts. Sous Charles II, les libertés anglaises s'accrurent par la proclamation du bill de l'*habeas corpus* qui protège les citoyens contre les agents du pouvoir. C'est la femme de ce prince qui lui apporta en dot la province de Bombay, dans la presqu'île indienne, premier noyau de l'immense empire colonial actuel de l'Angleterre.

L'avènement de Guillaume de Nassau mit un terme aux troubles religieux. Aidé des protestants chassés si imprudemment de France par la révocation de l'Édit de Nantes, le nouveau roi assure l'indépendance de la Hollande et des Provinces-Unies, apportant ainsi un obstacle de plus à l'agrandissement de la France vers le Nord. Sous la reine Anne, l'empire colonial de l'Angleterre s'augmenta encore de Gibraltar, et l'Écosse fut définitivement soumise.

Dès ce moment on peut voir la politique anglaise s'incarner dans un parti sérieux créé au sein de la Chambre des lords et se perpétuer avec lui : les whigs (libéraux) prédominèrent, en effet, sous la reine Anne, sous George Ier et George II. Le Canada, la Floride en Amérique, l'Inde en Asie, sont le prix de leurs efforts. Cependant l'avidité de George III va bientôt amener la guerre avec les colonies américaines; mais si l'Angleterre succombe de ce côté, elle profitera presqu'aussitôt du désarroi causé dans notre organisation militaire et maritime par la Révolution de 1789, pour nous dépouiller de ce qui nous restait de nos possessions d'outre-mer. Pendant les guerres de l'Empire elle devient maitresse à peu près absolue du commerce du monde entier. Les fautes de George IV ne peuvent arrêter ses progrès. Toujours au pouvoir, les whigs, sous Guillaume IV, eurent la sagesse de faire voter la réforme électorale; enfin, sous le règne actuel, les conséquences de cette politique séculaire apparurent dans tout leur éclat : la conquête de l'Inde est achevée, l'Australie et les archipels de la Polynésie sont peuplés, l'industrie et la marine arrivent à leur maximum de développement; il est à craindre cependant que les accroissements excessifs de ce domaine colonial n'amènent, avant peu, de nouvelles séparations.

Si l'Angleterre, depuis Élisabeth, a pris part à bien des guerres en Europe, elle ne s'est jamais trouvée seule en présence d'un adversaire sérieux, mais toujours à côté d'alliés qu'elle poussait en avant. Sous Henri VIII contre François Ier, sous la reine Anne contre Louis XIV, sous George II contre Louis XV, elle marche tantôt avec les Impériaux, tantôt avec Frédéric II, roi de Prusse; en Crimée contre la Russie, en Chine, sous la reine Victoria, elle s'unit à la France bien plus dans son intérêt que dans le nôtre, et fait entrer en ligne vingt-cinq mille hommes, alors que nous en avions plus de cent mille. Pendant la Révolution et l'Empire, elle n'ose pas une seule fois affronter Napoléon, mais elle suscite contre lui toutes les puissances de l'Europe. Lorsque la France a disséminé ses armées aux quatre points cardinaux, l'Angleterre se décide à envoyer Wellington en Portugal où il se sent soutenu par deux peuples poussés à bout; enfin quand le colosse, abattu une première fois sous les coups de l'Europe coalisée, revient épuisé, sur ses fins, elle se décide alors à le regarder en face, certaine d'être secourue à temps par l'armée de Blücher. Partout et toujours les peuples excités par elle ont combattu sans profit pour eux-mêmes, dans le but de sauvegarder ses seuls intérêts; en Crimée, en Chine, nous tirons les marrons du feu, elle les mange; et quand nous sommes aux prises avec un adversaire redoutable, elle nous abandonne sans vergogne et toutes ses sympathies sont pour le vainqueur. Elle n'a jamais eu de grandes armées, non parce qu'elle n'en pouvait point former, mais pour s'éviter la tentation de les employer, et quand elle figure dans une guerre, c'est uniquement, soyez en sûr, pour en recueillir le bénéfice. Elle prodigue son argent, c'est-à-dire celui des peuples qu'elle exploite et pressure, mais elle est avare de son sang. Tout dans sa politique est calcul : héroïsme, libéralisme, religion. Ses missionnaires sont des commis-voyageurs, ses soldats et ses matelots des trafiquants, ses lords des banquiers, ses vice-rois des fermiers généraux.

Cependant si, depuis Élisabeth, elle a suivi sa véritable voie avec une intelligence, une constance, une fermeté incontestables, elle a négligé de consolider l'union de ses trois tronçons; elle a commis la faute de dépouiller l'Irlande de son Parlement et de son autonomie, sans lui accorder aucune compensation de nature à se l'attacher, faute énorme dont les conséquences vont seulement se développer. Sa constitution aristocratique, qui a fait sa force, est en retard sur les progrès politiques modernes; elle ne peut plus, comme autrefois, nouer et dénouer des coalitions contre les peuples et les rois dans son intérêt exclusif; elle n'est plus la dominatrice des mers, d'autres puissances coloniales et maritimes se sont élevées; les grandes armées européennes, créées à la suite de son intervention incessante, rendent son influence à peu près nulle sur le continent; elle est trop éloignée de ses possessions et l'empire accessoire est trop étendu pour l'importance de la mère-patrie; elle ressemble un peu à ces femelles de termites dont la minuscule tête se trouve hors de proportion avec l'énormité du corps; enfin, son égoïsme féroce lui a aliéné le cœur de tous les peuples. La Prusse, dont ses intrigues ont créé l'hégémonie, n'ayant plus besoin d'elle, a cessé d'être son instrument; en admettant même que dans une prochaine guerre l'Angleterre vienne à mettre ses flottes au service de nos ennemis, ceux-ci ne lui donneront rien en échange, et loin d'empêcher la Russie d'étendre sa main sur les Indes, ils l'y aideront plutôt, intéressés qu'ils seront à rejeter le colosse moscovite vers l'Orient.

---

## CHAPITRE IV.

La monarchie française, depuis Hugues Capet jusqu'à Louis XI, poursuit l'agrandissement des frontières vers le Nord. Depuis Charles VIII jusqu'à Henri II, abandonnant ses projets séculaires sur les Flandres et les provinces rhénanes, elle se propose la conquête de l'Italie. Enfin, depuis Henri IV jusqu'à la révocation de l'Édit de Nantes, elle eut pour objectif l'agrandissement de la couronne dans tous les sens.

> Si Dieu avait accordé aux Français le don de la persévérance, le soleil ne se coucherait pas sur leur empire.
>
> RICHELIEU.

Nous savons pourquoi la Prusse et l'Angleterre sont devenues, l'une, la plus grande puissance continentale, l'autre, la plus importante puissance maritime et coloniale; voyons maintenant les causes de la grandeur de la France et ce qui l'a empêchée jusqu'à présent d'accomplir ses destinées. Elle avait et a encore un double rôle à remplir : puissance continentale, elle devait chercher à atteindre en Europe ses limites nationales, historiques et géographiques; puissance maritime, à cheval sur trois mers, elle devait se créer une marine et un empire colonial en rapport avec sa puissance continentale. Dès les premiers jours elle eut conscience de cette double tâche, mais l'esprit de suite, si remarquable dans la conduite de ses adversaires, lui a souvent fait défaut.

Quand le dernier des Carlovingiens mourut, les princes,

les grands seigneurs et les évêques de France ne voulant pas donner la couronne à l'oncle de Louis V, duc de Basse-Lorraine (Brabant et pays de Liège), choisirent pour roi Hugues Capet, fils du tout-puissant maire du palais, Hugues le Grand, élection qui consacrait et rendait définitive la rupture avec la Germanie. Cette rupture avait été préparée quatre siècles auparavant par la conversion de Clovis et de ses guerriers au christianisme. Trop faible pour conquérir la Gaule avec ses seules forces, ce rusé Barbare avait compris la nécessité d'un allié; or nulle puissance alors n'était plus capable de le soutenir que l'Église catholique, ennemie des Wisigoths ariens, maîtresse de toutes les consciences gallo-romaines, seule dépositaire des sciences et des arts sauvés du naufrage de Rome. Au début de son règne, Hugues Capet se trouvait à peu près dans la même situation que Clovis; entouré de princes féodaux très puissants, il n'avait d'autres pouvoirs que ceux d'un simple seigneur; et sa couronne royale, consacrée par le Pape qui lui donna le titre de fils aîné de l'Église, pouvait seule le mettre hors de pair, moralement tout au moins.

En 1016, la Lorraine voulut se donner à Robert, il commit la faute de refuser; en 1046, même offre et même refus de la part d'Henri I^er^. Excepté leur ferme résolution de rester unis avec l'Église, ces premiers rois capétiens n'ont aucune ligne de conduite bien arrêtée, ils vivent au jour le jour, comme de simples seigneurs féodaux et semblent à peine comprendre l'importance de leur couronne. Cependant, dès 1060, Philippe I^er^ commence à lutter sérieusement contre ses vassaux, notamment le duc de Normandie devenu roi d'Angleterre, pour relever la puissance et le prestige de la royauté. Louis VI, aidé d'un habile conseiller, Suger, abbé de Saint-Denis, accentue cette politique (1108) en même temps qu'il favorise l'établissement des communes. Un instant il fut même sur le point d'étendre son influence dans les Flandres. Louis VII continua la politique de son père.

Alors commence à se manifester cette perpétuelle tendance de notre race vers les expéditions lointaines. Déjà Guillaume de Normandie, aidé de seigneurs et d'aventuriers partis de tous les points de la France, était allé conquérir l'Angleterre. Des chevaliers normands vont fonder au sud de l'Italie le royaume des Deux-Siciles; Raymond, comte de Toulouse, conquiert le Portugal; enfin viennent les croisades, ce reflux vers l'Orient des grandes invasions barbares. Les Français prennent Constantinople où ils fondent un nouvel empire. Malgré l'avis de sa sage mère et de ses conseillers, Louis IX cède à l'entraînement de l'époque; cependant il étend et affermit le pouvoir royal; il sait même résister à la papauté en réglant par sa Pragmatique sanction les rapports de l'État et de l'Église; malheureusement, à mesure que le pouvoir royal s'augmente, les libertés communales diminuent, au rebours de ce qui se passait en Angleterre, preuve de la différence radicale existant entre les tendances, le caractère et le génie national des deux peuples. Le Français, toujours généreux, toujours enthousiaste, se dévouera pour son roi qui l'opprimera de plus en plus; l'Anglais, égoïste, calculateur, froid, ne soutiendra la couronne ou les lords qu'à la condition d'y trouver son profit.

Philippe III franchit les Pyrénées et s'empare de Girone;

c'était une faute, car il n'était pas encore assez maitre chez lui pour chercher à s'étendre au dehors. Philippe IV le Bel en commet deux plus grandes, d'abord en donnant une de ses filles au fils d'Édouard Ier, roi d'Angleterre, mariage qui amènera la guerre de Cent ans, ensuite en compromettant la réunion de la Flandre à la couronne. Les Flamands, peuple industrieux et fier, devaient être ménagés avec soin; Philippe, au contraire, les accable d'impôts et les pousse à la révolte. Vainqueurs à Courtray d'une noblesse imprudente, ils sont écrasés à Mons-en-Puelle, mais la rupture était complète et rarement roi sut tirer un aussi mauvais parti de la fortune.

Chaque fois que la royauté se trouve en péril, elle recourt au peuple : dans sa querelle avec Boniface VIII, Philippe le Bel appelle à son aide les États généraux, divisés déjà en trois ordres. Cependant, malgré tant de fautes, ce prince comprit la nécessité d'introduire un peu d'ordre dans sa politique, ses finances et son administration : il dédoubla le Grand-Conseil pour créer le Parlement, puis il tira du Parlement une Chambre des comptes.

Les efforts de la royauté se portaient alors avec raison vers le Nord. Louis X voulut vainement reconquérir la Flandre; Philippe VI de Valois, vainqueur à Cassel, allait peut-être réaliser ce grand progrès lorsque la guerre de Cent ans vint compromettre la royauté et même la nationalité française. Charles V, pour faciliter le mariage du duc de Bourgogne, son frère, avec l'héritière du comté de Flandre, lui abandonne la Flandre française, perte qui, malgré la victoire de Charles VI à Roosebecque et les intrigues de Louis XI, ne sera réparée que sous Louis XIV. En 1384, la Flandre est réunie à la Bourgogne et cette union ne contribuera pas peu à l'éloigner de la France, car la Bourgogne va entrer en lutte contre nous.

Charles VI eut un conseil composé de « petites gens », comme les appelaient dédaigneusement les grands seigneurs; Olivier de Clisson, Bureau de la Rivière, Le Bègue de Vilanies, Jean de Novian, Jean de Montaigu, prirent la direction des affaires, mais le Roi perdit la raison et les princes revenant au pouvoir, tout alla de mal en pis. Charles VII, vainqueur des Anglais, reprit les traditions de la royauté en s'entourant d'hommes de basse naissance: Jean Bureau, l'organisateur de son artillerie, Jacques Cœur, son trésorier, Étienne Chevalier et Guillaume Cousinot, ses diplomates. Les bandes armées que la guerre avait fait surgir de tous côtés, furent envoyées, sous le commandement du dauphin contre les Suisses en lutte avec les Allemands; heureusement, le politique avisé qui devait être Louis XI, répara cette grosse faute en faisant un traité d'alliance avec ceux qu'il était chargé de combattre. Charles VII fut mieux inspiré en secourant le duc de Lorraine contre l'évêque de Metz.

Louis XI, continuant la politique de ses prédécesseurs relativement à l'élargissement des frontières, cherche à racheter les villes de la Somme engagées par le congrès d'Arras, puis il prête de l'argent au roi d'Aragon et reçoit en gage le Roussillon et la Cerdagne. Il sut prendre à ses ennemis leurs meilleurs conseillers : au duc de Bourgogne, l'historien et homme d'État Philippe de Comines; au duc de Bretagne, Odet d'Aydie, sire de Lescun. A la mort de Charles le Téméraire, Louis XI cherche encore à étendre son pouvoir en Franche-Comté, dans le Hainaut et le Brabant, mais il commet la faute de jeter la fille du Téméraire dans les bras de Maximilien d'Autriche. Néanmoins, le traité d'Arras (1482) lui donne la Picardie, l'Artois, le comté de Boulogne, les duché et comté de Bourgogne avec Auxerre et le Charolais. Comprenant que la conquête de la Suisse lui eût beaucoup coûté et n'eût rien rapporté, il s'attache ces vaillants montagnards par des liens plus intimes; les Génois veulent se donner à lui, il les « donne au diable ».

La France marche à grands pas vers son unité, malheureusement l'amour des expéditions lointaines, l'attrait irrésistible exercé sur les imaginations du Nord par les pays du soleil, vont arrêter pour longtemps cette heureuse expansion. Le faible Charles VIII, malgré les conseils de la dame de Beaujeu, sa sœur, et cédant aux excitations d'une folle noblesse, voulut aller guerroyer au delà des monts pour faire valoir les droits qu'il tenait de la maison d'Anjou sur le royaume de Naples, droits que Louis XI s'était bien gardé d'invoquer. Crèvecœur disait que le véritable accroissement de la France devait se faire du côté des Pays-Bas, et il avait raison; l'aveuglement des grands seigneurs l'emporta sur la clairvoyance et la sagesse des « petites gens ».

Comme un fils de famille qui emprunte à gros intérêts pour satisfaire une violente passion, Charles VIII achète à beaux deniers la paix au roi d'Angleterre Henri VII, il rend la Cerdagne et le Roussillon à Ferdinand le Catholique, au fils de Maximilien d'Autriche il abandonne l'Artois, la Franche-Comté, le Charolais, et tout cela pour faire un voyage en Italie, qu'il conquiert sans combattre et perd aussitôt. Cette insigne folie eût pu être réparée si elle n'avait engagé pour plus d'un siècle la France dans une mauvaise voie : Louis XII, en effet, prend le Milanais, le perd, le reprend ; il partage le royaume de Naples avec les Espagnols, puis il se brouille avec eux et ce royaume est encore une fois perdu. Louis XII se tourne alors contre Venise et toujours sans succès définitif. Pertes d'hommes, pertes d'argent, perte d'influence, rancunes accumulées, épuisement et finalement invasion de la France, au Nord par les Anglais, toujours prêts à lutter contre une puissance affaiblie, à l'Est par les Suisses, qui s'avancent jusqu'à Dijon, au Sud par Ferdinand, qui se dispose à conquérir la Navarre française. Voilà le résultat de ces guerres insensées.

François I$^{er}$, plus fou, plus impolitique encore que ses prédécesseurs, s'attaque aux Suisses soudoyés par le pape Léon X, le duc de Milan, Maximilien d'Autriche et le roi d'Aragon ligués contre lui. Après les avoir battus à Marignan, il a cependant le bon esprit de faire la paix avec eux et d'assurer une alliance à laquelle ils demeureront fidèles jusqu'à la mort de Louis XVI. Il n'y avait plus qu'une faute à commettre, François I$^{er}$ ne la laisse pas échapper : il brigue la couronne impériale, lutte contre Charles-Quint, amène une nouvelle invasion de la France, rend, à Pavie, son épée au duc de Bourbon, traitre envers sa patrie et son roi, et veut néanmoins reconquérir le royaume de Naples et le Milanais, ce qui entraine une seconde invasion de la Provence. Il y eut dans l'esprit de ces malheureux princes français comme une de ces passions inavouables qu'éprouvent de certains jeunes hommes pour de vieilles courtisanes sans esprit ; ils se ruinent pour elles et ne réussissent qu'à s'en faire mépriser alors que de riches et honnêtes héritières leur tendent vainement les bras.

Henri II, remis dans le bon chemin sous l'influence des Guise, s'empare des Trois-Évêchés ; mais bientôt, par un retour de la monomanie héréditaire, il envoie une armée en Italie. Philippe II envahit la France par le Nord et gagne la bataille de Saint-Quentin ; quelques journées de marche allaient l'amener sous les murs de Paris, quand le fanatisme du monarque espagnol lui fit perdre le fruit de sa victoire ; il se détourna de la France pour écraser le protestantisme. Guise, rappelé d'Italie, en profite pour s'emparer de Calais. Néanmoins, par le traité de Cateau-Cambrésis, Henri II, malgré ses conseillers, rend Thionville, Marienbourg, Montmédy, avec un grand nombre de villes qu'il possédait dans les Pays-Bas, et la Savoie qu'il eût fallu conserver à tout prix ; d'ailleurs les lauriers de Philippe II l'empêchaient de dormir, il voulait, lui aussi, exterminer l'hérésie et mériter son titre de fils aîné de l'Église. Non seulement ses trois fils ne revinrent pas à la saine politique de Louis XI et de ses prédécesseurs, mais ils n'eurent aucune politique. La corruption, l'intrigue, les luttes intestines, les folies grotesques et le débordement des passions les plus honteuses achevèrent d'épuiser la France. Un instant cependant, en 1581, on put croire qu'elle allait rentrer dans la bonne voie : le duc d'Anjou, frère d'Henri III, venait d'être proclamé duc de Brabant et comte de Flandre ; malheureusement on le laissa sans argent : il fut obligé d'évacuer le pays. Ainsi cette toile de Pénélope, toujours commencée, défaite, recommencée, menaçait de n'être jamais achevée.

À partir de Luther, on vit clairement tous les dangers auxquels l'alliance de l'Église avec l'État pouvait exposer un peuple; cette alliance a perdu Charles-Quint, Philippe II et l'Espagne; elle a contribué à l'affaiblissement de la France sous Henri II, elle l'a ruinée sous les Valois. Heureusement, voici venir un prince, sinon libre-penseur, du moins absolument indifférent en matière de religion; tour à tour protestant et catholique, il subordonne les questions spirituelles à son intérêt, et son intérêt se trouve être celui de l'État. Si Henri IV ne fait point de conquêtes, du moins il prépare celles de ses successeurs. Depuis la mort de Louis XI, la noblesse féodale avait relevé la tête et sous Henri III l'anarchie était complète. Henri IV restaure l'autorité royale, mais il faudra que Richelieu recommence le travail de Louis XI, avec la même implacabilité, pour remettre les choses en état. Henri IV, protestant, eut la bonne fortune d'être soutenu par Élisabeth d'Angleterre, son ardente coreligionnaire; avec un esprit politique vraiment supérieur pour son temps, cette princesse comprenait que la destinée des deux pays était étroitement liée : « Le dernier jour de la France, disait-elle, sera l'avant-dernier jour de l'Angleterre. » L'Édit de Nantes (1598) rétablissait la paix religieuse, Sully mettait de l'ordre dans les finances, encourageait le commerce et surtout l'agriculture, convaincu que « les bons cultivateurs font les bons soldats ». Henri IV favorisait les expéditions au Canada et traitait avec la Turquie pour le plus grand profit du commerce européen placé sous la protection des consuls français. Il rêvait la destruction de la maison d'Autriche qu'il voulait surtout chasser des Pays-Bas, de l'Italie et de l'Allemagne; il voulait réorganiser l'Europe de manière à en faire comme une république fédérative où le règne du droit eût remplacé celui de la force ; enfin il s'apprêtait à réunir à sa couronne « tous les pays où l'on parlait français » : la Savoie, la Lorraine, la Belgique, la Franche-Comté. Si on laisse de côté quelques points de ce programme où l'imagination méridionale du prince a joué un trop grand rôle, nous y retrouvons aisément ce sentiment et cette intelligence du droit que nous avons proclamés la cause primordiale de toute prospérité.

La politique d'Henri IV, un instant abandonnée sous la minorité de Louis XIII, fut bientôt reprise par Richelieu. Les seigneurs insurgés, le prince de Condé, les ducs de Rohan, de Longueville, de Mayenne, de Nevers, de Vendôme, de Bouillon, de Montmorency, et Gaston d'Orléans, le propre frère du Roi, sont ramenés de gré ou de force dans le devoir. Le duché de Lorraine est occupé militairement et Sedan réuni à la France. Richelieu définit mieux encore qu'Henri IV notre véritable politique nationale en disant : « Jusqu'où allait la Gaule, jusque-là doit aller la France ». Les Américains du Nord, politiques prévoyants, ont formulé la même pensée dans la *Doctrine de Monroë,* avec cette différence importante cependant, que les Français, descendants et continuateurs des Gallo-Romains, ont des droits séculaires sur cette partie du territoire européen, cultivée, fécondée par eux, couverte de leurs monuments, formée pour ainsi dire des os de leurs ancêtres, tandis que les Américains n'ont sur leur continent que les droits du premier occupant, sans aucun de ceux qui consacrent et légitiment la propriété.

Si Richelieu fit la guerre en Italie, ce ne fut pas dans un esprit de conquête, mais seulement pour affaiblir les Espagnols. Il soutient, lui cardinal romain, les confédérés protestants d'Allemagne qui lui remettent l'Alsace en gage; il traite avec les Hollandais pour le partage des Pays-Bas, pendant que son allié, Bernard de Saxe-Weimar, bat les Impériaux et prend Vieux-Brisach pour la France; enfin il s'empare de l'Artois et reprend Perpignan avec le Roussillon.

Louis XIII, en mourant, laisse la régence à sa veuve, Anne d'Autriche, et place auprès d'elle un Conseil chargé de continuer la politique de Richelieu. L'avènement du jeune Louis XIV est salué par la victoire du duc d'Enghien à Rocroy et la prise de Thionville. Mercy, général des Impériaux, battu par le duc d'Enghien et Turenne à Fribourg, laisse prendre Philippsbourg, Worms, Mayence. Enfin, Dunkerque tombe en notre pouvoir. Presque toutes ces conquêtes sont sanctionnées par le traité de Westphalie: la France garde les Trois-Évêchés, une partie de l'Alsace, Vieux-Brisach, sur la rive droite du Rhin, et Pignerol dans le Piémont.

Mazarin, si habile d'ailleurs, commit une grande faute en faisant épouser à Louis XIV l'infante d'Espagne, avec l'arrière-pensée d'aspirer un jour à la succession de Philippe IV; il en commit une autre en se déclarant le protecteur du duc de Bavière, des princes de Brunswick et de Hesse. Un profond politique comme lui n'aurait jamais dû se mêler de ce qui ne le regardait pas directement.

Colbert restaura la marine, absolument indispensable à un peuple colonisateur, et Louvois créa une forte armée pour permettre au roi d'achever l'unité nationale. Déjà Charles VII avait recruté de nombreux soldats sur le sol même de France, mais ses successeurs ne surent pas imiter cet exemple. A part la gendarmerie, formée tout entière de Français, les autres corps étaient composés d'Allemands, de Suisses, d'Italiens, d'Écossais, et, sous Louis XIII, le roi avait pris à sa charge l'armée étrangère de Bernard de Saxe. Enfin Vauban crée l'art de la fortification, qui devait consolider la conquête.

Lancé dans la bonne voie par Henri IV, Richelieu et Mazarin, servi dans l'armée par d'illustres généraux, dans l'administration par les organisateurs les plus habiles, Louis XIV allait donner à la France ses frontières naturelles si ses passions, ses faiblesses et son orgueilleuse vanité ne lui eussent pas fait commettre les plus lourdes fautes. Il se déclare le protecteur, contre les barbaresques, de toutes les nations méditerranéennes, s'empare de la Flandre à la mort de Philippe IV, puis de la Franche-Comté, mais il s'attaque à la Hollande dont la possession importait peu à sa grandeur et qui, restant indépendante et neutre, eût servi à la France de tampon au Nord comme la Suisse lui en servait à l'Est. Cette guerre impolitique devait d'ailleurs allumer la jalousie, raviver les craintes de l'Europe et faire naitre une coalition contre nous. La révocation de l'Édit de Nantes (1685) vint augmenter la crise et nous priver d'ouvriers précieux, de vaillants soldats, au moment même où nous avions le plus besoin de toutes nos forces. Enfin Louis XIV élève son petit-fils, le duc d'Anjou, au trône d'Espagne, sous le nom de Philippe V. « Comble de gloire et de prospérité inouïe », dit Saint-Simon; comble d'orgueil et d'aveuglement, dirons-nous. Cette évolution de la politique du grand Roi devait faire autant de mal à la France que les guerres de Charles VIII, de Louis XII, de François Ier et des Valois, ses successeurs.

Sous la régence du duc d'Orléans, sous Louis XV et Louis XVI, nous semblons ne plus avoir ni principes politiques ni règle de conduite; partout le vice, le désordre administratif, la dilapidation dans les finances, l'indiscipline dans l'armée; c'est par une sorte de miracle que la France ait pu conserver ses conquêtes. A la vérité, on s'occupait peu d'elle; la Prusse, l'Autriche et la Russie consommaient l'écrasement d'un peuple et s'agrandissaient de ses débris, l'Angleterre s'emparait de l'empire des mers, l'Espagne agonisait; du moins de cette corruption, de cette fermentation qui se produit dans tout organisme en dissolution, devait sortir la Révolution française et l'éclosion des idées modernes.

La première manifestation politique, après la constitution de l'Assemblée nationale, fut une idée juste. « Nous garderons, fait dire l'Assemblée au Roi, nous garderons religieusement le serment de ne faire aucune conquête, mais si les princes d'Allemagne continuent de favoriser des préparatifs de guerre dirigés contre les Français, les Français porteront chez eux, non pas le fer et la flamme, mais la liberté! » Aussitôt déclarée, la guerre fut faite avec raison dans les Pays-Bas, puis sur le Rhin, où Pichegru, Hoche et Jourdan s'emparent d'une partie de la Bavière et de la Province rhénane. En 1797, après les victoires d'Italie, la France était maîtresse de la Belgique, de la rive gauche du Rhin, de la Savoie; elle avait établi sur ses flancs, au Sud-

Est, une République cisalpine, nos destinées étaient accomplies, il n'y avait plus qu'à les fixer. Hélas! l'esprit aventureux de Bonaparte, l'incapacité et l'insigne faiblesse du Directoire, allaient tout perdre. La campagne d'Égypte, œuvre d'un aliéné, nous sauva néanmoins momentanément en provoquant contre nous une seconde coalition. La Révolution avait une telle force que rien ne pouvait mieux la servir qu'une guerre l'obligeant à se défendre. Bonaparte, devenu seul directeur de cette force, déploya les qualités d'un très grand général, mais fut un médiocre homme d'État. Sa politique, c'était les incitations de son ambition, les mouvements de son égoïsme. En introduisant les principes de 1789 dans l'Europe entière qu'il parcourut pendant dix années en vainqueur, il fut l'instrument aveugle du progrès, mais il brisa les ressorts du pays et compromit son existence. Tant qu'il eut à se défendre, la fortune lui resta fidèle; cependant en entreprenant la conquête de l'Espagne et du Portugal dont il n'avait que faire, en se couronnant roi d'Italie, en étendant son protectorat sur les pays au delà du Rhin, en concevant le plan monstrueux du blocus continental pour atteindre l'Angleterre dans ses intérêts commerciaux, — et quel mince objectif! — en voulant, dans une pensée d'orgueil, réduire sous son joug les immenses plaines glacées de la Russie, il oublia la France, l'épuisa dans ses forces vives et matérielles comme dans ses forces morales, et la laissa plus pauvre, plus mutilée, plus rétrécie qu'elle n'était avant la Révolution. Quatre fois la France s'est vue sur le point d'être la plus grande puissance et l'arbitre de l'Europe: en 1328, après la victoire de Philippe de Valois sur les Flamands; en 1483, à la mort de Louis XI;

en 1678, après la paix de Nimègue, et en 1801, après la paix de Lunéville. Si, à ces mémorables époques, nous avions eu un Sénat dont les traditions fussent constantes comme celui de Rome, une Chambre héréditaire comme celle des lords anglais, un Conseil d'État jouissant d'une autorité incontestée, ou seulement un de ces conseils de « petites gens » comme en eurent Charles VI au début de son règne, Charles VII et Louis XI, si nous avions eu des institutions plus ou moins parlementaires et des assemblées où l'on eût pu discuter les intérêts de la nation, si notre sort n'eût pas dépendu du caprice d'un seul homme, généralement mal élevé, ignorant, corrompu par les courtisans, nos frontières se seraient établies dans des limites définitives, et notre civilisation aurait pris le plus grand essor. La première fois, de 1328 à 1430, la guerre contre les Anglais, alors aussi mal gouvernés que nous-mêmes, nous a épuisés et ruinés; la seconde fois, de 1483 à 1598, nous avons vécu pendant un siècle non seulement sans profit, mais encore à notre grand dommage; la troisième fois, de 1678 à 1789, nous avons de nouveau perdu tout un siècle et subi de grands désastres; enfin, depuis 1801 jusqu'en 1870, notre décadence s'est accentuée malgré le rôle considérable que nous avons joué en Europe. Dans trois au moins de ces malheureuses périodes, nous avons trop cédé aux tendances de notre race, si accusées déjà chez les Gaulois, dont les expéditions en Italie, en Grèce, en Asie Mineure, sont présentes à toutes les mémoires. Nous nous sommes follement répandus au dehors, nous avons fait les Croisades, les guerres d'Italie, les guerres des successions d'Espagne et d'Autriche, la guerre de l'indépendance américaine; puis est venue l'éruption grandiose, éblouissante mais funeste de l'épopée impériale. Depuis 1815, à part la royauté hybride de Louis-Philippe, tous nos gouvernements ont cédé à cette tendance : la Restauration, en allant en Espagne et en Grèce, Napoléon III en allant à Rome, en Crimée, en Italie, en Chine, au Mexique! Et si nous pouvons accuser le second Empire d'impéritie, c'est surtout pour n'avoir pas fait en temps opportun et avec toutes les forces gaspillées pendant quinze ans, la seule guerre vraiment nationale et qui eût sa raison d'être.

Non seulement aucune puissance n'a guerroyé au dehors autant que la France, non seulement aucune n'a plus combattu pour des idées, et ce sera son éternelle gloire, mais nulle n'a jamais lutté comme elle, seule, contre plusieurs adversaires.

Un peuple en voie de formation ne peut avoir de politique parfaitement définie, cela se comprend; aussi l'histoire nous montre-t-elle la politique de la France se préciser seulement sous le règne de Charles VII, après sa victoire sur les Anglais, celle de l'Angleterre à partir du règne d'Élisabeth, et celle de la Prusse après la transformation de l'électorat en royaume. On s'étonne à bon droit que nous ne soyons pas arrivés à la haute fortune que laissaient espérer notre situation géographique exceptionnellement favorable, l'homogénéité de nos provinces et nos ressources en tous genres : c'est que nous ne sommes pas restés fidèles à la seule ligne de conduite qui nous était tracée par le bon sens, c'est-à-dire à la politique de Louis XI et de Richelieu. Ce dernier, faisant évidemment allusion au déplorable changement de front de Charles VIII et de ses successeurs, s'écriait, en effet : « Si Dieu avait donné aux Français le don de persévérance, le soleil ne se coucherait pas sur leur empire. » Nos voisins, moins favorisés à tous les points de vue, sont néanmoins arrivés à une aussi haute fortune, parce qu'à partir du moment où ils se sont engagés dans la bonne route, ils n'en sont plus sortis. Si nous avons des rivaux aujourd'hui en Europe, nous le devons uniquement à nos fautes. Cependant notre situation est toujours la même, nos avantages naturels subsistent ; nous ne saurions regagner le temps perdu, c'est incontestable, mais nous pourrons, avec quelque persévérance, rétablir notre prépondérance et tirer tout le parti possible des avantages dus à la nature, à notre antique civilisation, au courage et à l'intelligence de notre race. Nous aurons pourtant de plus grands efforts à faire aujourd'hui, parce que nos ennemis ont eu le temps, presque sans obstacle, en tous cas sans opposition de notre part, d'opérer leur mouvement de concentration ; nous n'avons rien perdu de nos forces, mais les leurs se sont considérablement accrues ; de plus, ils ont conservé ce centre d'action détruit chez nous depuis un siècle, c'est-à-dire la royauté héréditaire avec son cortège de misères sociales, il est vrai, mais aussi avec ses avantages incontestables lorsqu'il s'agit de mettre en jeu les forces du pays. Les chances ne seront donc pas égales tant que nous n'aurons pas su assurer, nous aussi, d'une manière quelconque, l'unité de notre direction politique et la concentration de nos moyens d'action. De la solution de cette question capitale dépendent, j'ose le dire, le triomphe de la démocratie en Europe par la France et le relèvement de la Patrie.

Cet esprit de suite, cette règle inflexible de conduite, indispensable dans la poursuite d'un dessein préconçu et qui nous a trop souvent fait défaut, ne favorise pas précisément le progrès général, je dois l'avouer. L'esprit humain est borné, il ne peut, par conséquent, se proposer un but éloigné et très élevé; s'il s'écarte de la voie conduisant à son objectif, il perd tout le bénéfice des efforts déjà faits; mais s'il persiste à l'atteindre alors qu'il entrevoit un but plus noble, il rompt en visière avec le progrès. La politique offre donc cette alternative, ou de se traîner dans la routine pour arriver au succès, ou de renoncer héroïquement au succès immédiat pour le plus grand profit de l'humanité. La Grèce, par les tendances divergentes de ses petites républiques et son amour de l'indépendance, a rendu son unité impossible et affaibli sa force de résistance; néanmoins ses efforts intellectuels ont fait faire au progrès général un pas immense, dont Rome a été la première à bénéficier. Après l'invasion des barbares, l'Italie a joué le même rôle; composée de souverainetés et de républiques plus ou moins indépendantes, elle est restée dans un tel état de division et d'antagonisme qu'elle n'a jamais pu réunir ses tronçons; mais elle a fait tourner au profit des arts et des sciences tous les efforts de ses aptitudes spéciales. Enfin, depuis le XVII^e^ siècle, la France semble avoir adopté ce rôle : champion incorrigible du droit, elle a plus travaillé pour l'humanité que pour elle-même, et si elle avait consacré à l'agrandissement et à l'affermissement de sa fortune la moitié de ses efforts prodigués dans tous les sens et sur tous les points du globe, elle serait depuis longtemps le pivot incontesté de l'Europe et du monde. De là cet enchaînement si remarquable, dans l'histoire de la civilisation, entre la Grèce, l'Italie et la France.

Serait-il sage aujourd'hui de forcer notre génie, de lui donner une allure plus terre à terre, d'abandonner la voie lumineuse pour la voie intéressée? Je le crois, et cela dans l'intérêt même de cette mission civilisatrice dont nous sommes si fiers à juste titre. Si nous continuons à vouloir affranchir les peuples malgré eux, si nous persistons dans nos rêves de solidarité internationale, on pourra rechercher avant peu sur la carte d'Europe la place qu'occupait la France. Déjà des fous furieux et quelques misérables soudoyés par l'étranger conspuent chez nous l'idée de patrie, déjà les rois voudraient nous rendre responsables de tous les ébranlements causés à leurs trônes par les anarchistes de toutes couleurs; il est temps d'aviser et de ne point se laisser éblouir par le sophisme de la liberté illimitée. Conservons précieusement la forme républicaine et démocratique de notre gouvernement; cependant, revenons aux traditions de ces « petites gens » qui n'avaient d'autres soucis que l'ordre dans leurs affaires, l'agrandissement et la consolidation de leur domaine; quand nous serons les plus forts, nous verrons alors ce qu'il nous reste à faire dans l'intérêt de l'humanité.

## CHAPITRE V.

L'unité d'action peut-elle résulter de principes traditionnels dans la monarchie ou les assemblées souveraines, ou n'est-il pas nécessaire que ces principes s'incarnent, pour ainsi dire, dans un Conseil d'État, un Sénat ou une Chambre héréditaire comme le Sénat romain et la Chambre des lords ?

« Un peuple ne peut rien quand il n'y a plus d'unité de vues chez ceux qui gouvernent. »

THIERS.

Depuis le moment où des succès extraordinaires vinrent enivrer Louis XIV et sa cour, la France a manqué d'une direction précise et suivie. Sa politique intérieure et extérieure a varié au gré des courtisans, surtout des courtisanes, dont le Roi subissait l'influence. Nous avons eu la politique de M^me^ de Maintenon, celle de M^me^ de Pompadour, de la reine Marie-Antoinette, de l'impératrice Eugénie, politiques toutes plus incohérentes, plus funestes les unes que les autres ; et si quelque esprit de suite, d'autres diront de routine, ne s'était perpétué dans les bureaux des ministères et des grandes directions, l'administration générale des affaires se serait trouvée dans un désarroi complet.

On a vraiment trop médit des bureaux. Certes, ils sont défectueux à plus d'un titre ; leur amour pour la paperasserie, leur profond dédain pour les intérêts particuliers et tout ce qui ne tient pas immédiatement au service, sont non moins incontestables que la lenteur de leurs allures, je devrais dire leur inertie systématique. Mais à qui la faute? N'est-elle point à ces ministres, à ces directeurs qui acceptent dans un but d'ambition personnelle des fonctions et une tâche au-dessus de leurs forces? N'est-elle pas aux rois ou aux majorités parlementaires qui, en les leur conférant, cèdent à de futiles caprices plus qu'ils ne s'inquiètent du bien de l'État? Les bureaux ont-ils jamais résisté à un chef expérimenté, énergique, capable? Et quand, par leur force d'inertie et leur incontestable mauvais vouloir, ils ont fait avorter certaines prétendues réformes, certaines expériences téméraires, condamnées bientôt par le bon sens public, n'ont-ils pas rendu un service signalé au pays? N'avons-nous pas vu des ministres de la guerre qui n'avaient jamais entendu d'autres coups de canon que ceux des polygones et des réjouissances publiques, des ministres de la marine qui n'étaient pas marins, des Grands Maitres de l'Université qui n'étaient même pas bacheliers? Le malheur et l'excuse de cette situation des bureaux, c'est que les ministres passent tandis que les bureaux restent. Par bureaux, il ne faut pas entendre seulement les chefs, sous-chefs et employés des ministères, mais encore les comités consultatifs et les conseils supérieurs dont les ministres prennent parfois l'avis; tels sont, au ministère de la guerre, les huit directions de l'état-major, de l'infanterie, de la cavalerie, de l'artillerie, du génie, etc., et les comités consultatifs portant les mêmes dénominations; tels sont encore les conseils supérieurs des colonies, de l'agriculture, du commerce, de l'instruction publique; les comités consultatifs des arts et manufactures, etc., etc. Malheureusement ces conseils et comités, sans aucun lien entre eux, ne peuvent combiner leurs efforts et leurs études en vue d'une action commune; involontairement, par le vice même de leur institution, ils font naître des tiraillements dans l'administration et nous devons surtout attribuer à leur antagonisme les lenteurs si regrettables dont on s'est toujours plaint dans l'expédition des affaires, même les plus simples.

La République a ses traditions comme la monarchie; malgré les luttes terribles des partis, ces traditions se sont perpétuées dans la Convention, dans les comités et les ministères dirigés par d'anciens conventionnels, même sous le premier Empire; elles se sont implantées surtout dans les institutions fondées par la Révolution : le Conseil d'État, la Cour de cassation, la Cour des comptes, l'Université, l'Institut, les grandes écoles civiles et militaires; mais elles n'ont pas toujours eu dans les conseils du Gouvernement ou dans nos Assemblées politiques, l'influence à laquelle elles avaient droit; depuis 1871 jusqu'en 1877, notamment, elles ont été constamment méconnues, et cela s'explique aisément puisque l'Assemblée nationale n'avait de républicain que l'étiquette. Avons-nous été plus heureux après la proclamation des lois constitutionnelles? Hélas! non; trop de régimes divers s'étaient succédé en France depuis 1802, trop d'opinions contradictoires avaient tour à tour prévalu, le fil républicain s'est rompu et les traditions se sont modifiées ou perdues. Aujourd'hui, pourtant, nous semblons vouloir rentrer dans la bonne voie, celle qui nous conduira certainement au succès si nous avons le courage d'y persévérer.

Quel est celui de nos grands corps politiques ou celle de

nos grandes institutions qui pourra raviver ces traditions, les mettre en harmonie avec le progrès et les idées nouvelles, leur donner une forme sinon définitive, du moins capable de leur assurer une longue vitalité, et qui surtout les fera prévaloir dans les délibérations souveraines?

La Chambre des députés est l'expression immédiate de l'opinion publique, opinion toujours mobile, trop souvent passionnée; elle est, il faut le reconnaître, l'élue et comme la résultante d'une moyenne assez faible des intelligences. Il peut se trouver et il se trouve toujours, en effet, dans la Chambre des députés, des hommes remarquables, capables d'envisager les questions d'un point de vue élevé, mais ces hommes ne sont pas libres; au lieu de diriger le courant ou de le remonter, ils sont contraints de le suivre; pour assurer leur élection, ils ont dû faire des promesses, prendre des engagements et accepter un programme souvent en opposition avec leurs propres idées. On ne peut donc pas compter sur eux pour imprimer à notre politique générale une direction constante vers le même objectif.

Le Sénat, à ce point de vue, présente un peu plus de garantie. Il est l'expression du suffrage à deux degrés, suffrage plus éclairé par conséquent, surtout plus réfléchi et moins mobile. Néanmoins le Sénat est encore tributaire de l'opinion publique; comme les Députés, ses membres prennent des engagements, acceptent des programmes et un mandat impératif; enfin, pour éviter de perpétuels conflits avec la Chambre, il est obligé d'entrer constamment dans la voie des compromis, des concessions mutuelles et de modifier ses résolutions s'il veut arriver à cet accord nécessaire, sans lequel le fonctionnement législatif serait interrompu. Que deviennent, je le demande, les principes et les traditions politiques dans ce tourbillon des opinions? On les fait plier aux exigences de la situation, on croit même les servir en les maintenant dans une région très élevée, inaccessible aux atteintes des partis, et l'on crée cette doctrine si ingénieusement appelée l'*opportunisme*. La haute Assemblée ne peut donc pas constituer ce gardien des principes, ce guide vigilant et permanent dont nous aurions si grand besoin.

Nous ne parlerons pas du Conseil des ministres. Mandataire des deux assemblées parlementaires, toujours à la merci d'une majorité mobile, sans existence assurée, il pèsera parfois sur les résolutions politiques lorsqu'il jouira d'une certaine autorité; le plus souvent il sera l'exécuteur pur et simple des volontés du Parlement. Préoccupé d'ailleurs de se maintenir au pouvoir, harcelé de tous les côtés par les partis extrêmes, gêné souvent dans ses allures par ses meilleurs amis, il a bien assez de vivre au jour le jour, sans qu'on lui demande encore de prévoir et d'assurer l'avenir. Dans de semblables conditions, il est impossible que le Conseil des ministres puisse jamais être le dépositaire fidèle des traditions gouvernementales.

Quant au Président de la République, semblable à un roi constitutionnel, il règne mais ne gouverne pas. Tout le monde a présentes encore à la mémoire les chinoiseries imaginées par l'Assemblée nationale pour empêcher Thiers, dont elle redoutait l'influence, de monter à la tribune et de faire prévaloir ses idées.

Ainsi, ni la Chambre des députés, ni le Sénat, ni le Conseil des ministres ne peuvent constituer cette arche sainte à laquelle la France républicaine et démocratique confiera le dépôt de ses traditions et la direction de ses plans d'avenir.

D'ailleurs, quelles sont les fonctions des ministres, de la Chambre et du Sénat? On peut considérer nos deux Assemblées comme des tribunaux devant lesquels se plaident toutes les affaires politiques et sociales intéressant le pays; l'une juge en premier ressort la question que l'autre examine en appel, et la décision intervenue a seulement force de loi quand les deux Chambres se sont mises d'accord. A la barre de ces tribunaux, deux adversaires au moins sont toujours en présence : l'auteur ou les auteurs d'une proposition, et le Gouvernement représenté par ses ministres; s'il s'agit d'un projet de loi élaboré par le Gouvernement, nous voyons d'un côté les partisans, de l'autre les adversaires du projet. Mais un des éléments essentiels de notre organisation judiciaire fait défaut à ces débats parlementaires, je veux parler du procureur, ce défenseur des mineurs, des incapables, des communes, des établissements publics, ce préposé à la garde des lois et des règlements, ce censeur dont les principes sont ou devraient être invariables. Il faudrait donc introduire dans nos rouages législatifs cet élément essentiel, et rien ne le représenterait mieux que les membres d'un grand Conseil, chargés de rappeler aux parties litigantes les traditions de la République et les principes supérieurs qui doivent sans cesse être présents à l'esprit dans les questions de politique extérieure, d'organisation sociale ou de législation.

Cet élément, dont nous déplorons l'absence dans nos Assemblées démocratiques, existe dans les monarchies :

c'est la volonté du souverain toujours invoquée par ses ministres dans une situation critique ; capricieuse ou réfléchie, cependant généralement conforme aux traditions et aux principes de la monarchie, elle fait d'ordinaire une impression très forte sur l'esprit des Assemblées, quand la monarchie est constitutionnelle, ou des conseils supérieurs quand le souverain daigne les consulter et qu'il jouit d'un pouvoir absolu ; c'est elle qui, dans certaines monarchies, a maintenu l'unité d'action, l'esprit de suite, qui les ont amenées à un si haut degré de puissance. Le mot de volonté, ai-je besoin de le dire, est pris ici dans un sens en quelque sorte impersonnel ; ce n'est pas la volonté particulière de tel ou tel prince, ce qui serait au contraire une cause de confusion et de péril, c'est la volonté du Roi, de la monarchie elle-même, volonté arrêtée en conseil après de sérieux débats et de mûres réflexions, volonté uniforme se perpétuant de règne en règne quand la famille souveraine et la cour ne se corrompent pas.

Mais, dira-t-on, si l'on institue dans notre organisation politique un grand Conseil destiné à rappeler aux Chambres certains principes immuables, on enlève aux Députés et aux Sénateurs le caractère de mandataires du peuple, on remplace la souveraineté nationale par une souveraineté particulière et l'on rétablit sous le nom de république une véritable monarchie. Cette observation aurait une très grande force si nous accordions au Conseil dont nous demandons la création, les attributions et les prérogatives d'un roi ; mais nous ne lui donnons ni pouvoir exécutif, ni pouvoir législatif, ni même voix délibérative dans les Assemblées ; nous entendons en faire un conseiller dans toute l'acception du mot, un censeur, un mentor. Dépourvu de tout pouvoir, il sera forcément impartial. La volonté du souverain peut lui être personnelle, elle peut être le résultat de ses caprices ou de ses passions; elle peut, par conséquent, se trouver parfois en opposition avec le véritable intérêt de la monarchie; au contraire, la doctrine d'un Conseil sera toujours raisonnée, étrangère autant que possible à toute passion; elle aura par conséquent une fixité que nul courant d'opinion, nul caprice, ne viendront déranger. Libre de toute attache avec le Gouvernement, avec la Chambre et le Sénat, le grand Conseil puisera sa seule autorité dans la force persuasive, dans le savoir, l'éloquence et l'honorabilité de ses membres; ses idées ne s'imposeront pas comme celles du Roi, qui équivalent presque toujours à un ordre plus ou moins formel, même dans une monarchie constitutionnelle, car on refuse rarement de condescendre aux désirs du puissant et unique dispensateur des places, des honneurs et de la fortune.

La pression morale exercée par le grand Conseil sur le Parlement ne portera aucune atteinte à la liberté des Représentants du peuple. Ceux-ci sont-ils moins libres parce qu'ils obéissent aux influences de leur éducation, aux préjugés de leurs familles? Et l'opinion publique, également, est-elle moins maîtresse d'elle-même parce qu'elle cède à certains courants inexplicables, à certains mouvements spontanés éclos dans les masses à la suite d'un événement quelconque? Nous ne pourrions donner une réponse sérieuse à ces questions qu'en traitant à fond la thèse philosophique de la liberté humaine et nous arriverions à la nier complètement si nous admettions que l'homme cesse d'être libre en cédant à une incitation extérieure, à un impérieux besoin de sa nature ou à un motif déterminant quelconque.

Les membres du grand Conseil pourront se faire entendre dans les débats, concurremment avec ou contre les ministres, mais en définitive la Chambre et le Sénat auront le dernier mot et rendront toujours leur jugement sans appel ; du moins une parole autorisée, raisonnée, étrangère à toute passion, inaccessible aux variations de l'opinion publique, vraiment patriotique, se sera fait entendre, et, si elle n'empêche pas constamment le mal, elle l'atténuera certainement dans de notables proportions.

Les avis des conseils supérieurs et des comités consultatifs, dont nous avons dit quelques mots, n'engageant pas les ministres, toujours libres de les suivre ou de les rejeter, n'y aurait-il pas un avantage incontestable à faire entrer ces conseils et comités dans le grand corps politique dont nous demandons la création ? Au lieu d'agir isolément, sans plan concerté d'avance, ils se conformeraient à la direction que celui-ci leur imprimerait et leurs avis, entendus des ministres et du Parlement, seraient toujours pris en sérieuse considération. On diminue l'intensité de la force en la faisant agir à distance ou en l'éparpillant, aussi le système de ces grandes directions et de ces comités, sans liens entre eux et sans communications directes, constitue-t-il le vice radical de notre organisation administrative et fait-il de cette dernière une machine compliquée, un véritable labyrinthe où très peu de personnes peuvent se reconnaitre et se diriger.

Le grand Conseil ne serait pas une aussi téméraire innovation qu'on pourrait le croire au premier abord, puisque tous ses éléments existent ; il suffirait de les rassembler, de les coordonner, de leur donner enfin une direction unique et rationnelle. Il n'aurait pas seulement pour but de remettre la France au premier rang des puissances, mais encore d'améliorer sans cesse, plus rapidement et à moins de frais, sa situation morale, économique et sociale.

Ce grand Conseil a existé dans les républiques antiques sous le nom d'Aréopage, de Censeurs des mœurs ou de Sénat, et il existe, je le répète, dans les monarchies modernes, sous le nom de Chambre des lords ou de Chambre des seigneurs. Malheureusement, ces assemblées composées des grands de la République comme à Rome, ou des seigneurs féodaux, laïques et ecclésiastiques comme en Angleterre, cumulant d'ailleurs plus ou moins les pouvoirs législatif et exécutif, finissent toujours par fausser l'esprit de l'institution et se substituer à la souveraineté du peuple ou du Roi. L'établissement d'un grand Conseil, en regard de deux Chambres souveraines, ne présentera pas ce danger. Incapable de faire la loi, il ne pourra se rendre prépondérant ; n'exerçant aucune fonction publique, ne disposant ni des places, ni des honneurs, ni des largesses de l'État, il n'abusera pas de son influence, sa force sera toute morale ce sera la force de la raison, du droit, de la logique, mise au service de l'intérêt national, car il ne s'écartera jamais du principe démocratique par excellence : *Salus populi suprema lex esto.*

---

## CHAPITRE VI.

Des anciens conseils royaux en France et de leurs transformations diverses jusques et y compris le Conseil d'État actuel. — Imperfections du Conseil d'État comme tribunal administratif et particulièrement comme conseiller politique.

Dans l'ancienne monarchie française, même sous les premières dynasties, les rois s'entouraient d'amis, de seigneurs, de prêtres, auxquels ils soumettaient plus ou moins toutes les difficultés de gouvernement, dont ils suivaient d'ordinaire les conseils et parmi lesquels ils choisissaient malheureusement les mandataires chargés d'exécuter leur volonté. Je dis malheureusement, parce qu'un mandataire investi d'une fonction honorifique et lucrative tout à la fois, ne peut plus être un conseiller absolument sûr. « Les rois, écrivait Hincmar à Louis le Bègue, choisissaient pour conseillers, autant qu'il était possible, des hommes qui, soit laïques, soit ecclésiastiques, craignissent Dieu, chacun selon sa qualité ou ses fonctions; ensuite, qui fussent si fidèles que, hors la vie éternelle, ils ne préférassent rien au Roi et au royaume; des hommes qui ne fussent ni amis, ni ennemis, ni donneurs de présents, ni flatteurs, ni emportés, ni remplis de cette sagesse hypocrite et trompeuse qui est celle du siècle et n'est pas aimée de Dieu; mais pourvus de cette sagesse qui sert à réprimer par la justice ceux qui se confient en la sagesse humaine. » Cette sorte de Conseil privé ne se confondait pas avec le grand Conseil, composé des officiers de la couronne, des évêques, des chefs de la noblesse ; le Roi se servait du premier dans un intérêt purement personnel et dynastique ; il convoquait le second dans les grandes assemblées de mars, pour délibérer sur la paix, la guerre, les alliances, parce qu'il ne pouvait pas agir sans son assistance. Il avait encore recours à lui pour juger des procès importants ; mais sous Hugues Capet, au moment du triomphe de la féodalité, les seigneurs s'arrogèrent le droit de juger sans appel, et le grand Conseil n'eut plus dans ses attributions que les affaires politiques, l'administration et la législation. Lorsque la royauté, avec Philippe-Auguste, reprit le dessus, le grand Conseil redevint un véritable tribunal. Saint Louis en fit une cour d'appel devant laquelle les affaires étaient portées en dernier ressort quand il ne les revisait pas lui-même.

L'agrandissement du royaume, le perfectionnement et l'accroissement des rouages administratifs obligèrent le Roi à transformer le grand Conseil et à le fractionner : on vit naître successivement les conseils des finances, du commerce, des dépêches, des affaires étrangères, enfin des affaires contentieuses. Ces différentes sections du grand Conseil n'eurent d'autre puissance, d'autres principes que la puissance et la volonté du prince au nom duquel elles agissaient. Sans doute, certaines traditions s'y perpétuaient en matière d'administration, de législation, de politique ; sans doute, le Conseil se permettait d'adresser parfois de respectueuses remontrances et produisait une impression sérieuse sur l'esprit du prince et de ses plus intimes serviteurs ; néanmoins sa dépendance complète le soumettait d'ordinaire sans réserve aux volontés, aux caprices même du maître, ce qui explique aisément les variations importantes observées dans la politique de la monarchie. Sous quelques Capétiens, cette politique — je parle de la politique extérieure — semble avoir eu pour objectif la conquête des Flandres et des bords du Rhin ; depuis Charles VIII jusqu'à Henri IV elle revendique avec acharnement le Milanais et la prépondérance dans la péninsule italique ; avec Henri IV, Louis XIII et Louis XIV, elle tend au renversement de la maison d'Autriche et à l'agrandissement de la France dans tous les sens ; avec Louis XV, enfin, elle n'a plus ni volonté ni direction, la monarchie est usée, elle marche à la dérive jusqu'à la catastrophe finale.

A partir de 1789 jusqu'à nos jours, le grand Conseil va subir, d'année en année, pour ainsi dire, une telle série de modifications, qu'il est permis de se demander si les législateurs modernes se sont bien rendu comp[illegible] nature et de son utilité.

Le 20 octobre 1789 et le 29 août 1790, l'A[illegible]mblée nationale lui fait subir une première modification.

Le 27 novembre 1790, il est remplacé par le Tribunal de cassation ; en vertu de la loi des 27 avril-6 juillet 1791, les affaires pendantes aux conseils des finances, des dépêches, de grande direction, et généralement celles qui ne sont pas de la compétence du Tribunal de cassation, sont renvoyées devant les tribunaux de district.

La loi des 27 avril-25 mai 1791 rétablit un Conseil d'État composé du Roi et des ministres, dont les attributions sont plutôt politiques qu'administratives.

Nouvelle organisation le 13 décembre 1799. Le Conseil est divisé en cinq sections : section des finances, section de législation civile et criminelle, section de la guerre, section de la marine, section de l'intérieur. Pour les affaires politiques et étrangères, le Premier Consul ne s'en rapportera qu'à lui-même.

Le 9 avril 1803, Napoléon crée les auditeurs au Conseil d'État, Conseil qu'il remanie complètement le 11 juin 1806, et cette institution, réorganisée de nouveau le 26 décembre 1809, devint une véritable école d'administration, car les auditeurs étaient envoyés en service extraordinaire auprès des préfets.

Le 3 avril 1813, alors que l'étoile du conquérant commence à pâlir, il sent pour la première fois la nécessité de prendre l'avis de quelqu'un, et fait entrer dans le Conseil d'État les maréchaux et les grands officiers de l'Empire.

Sous la Restauration, ce grand corps se compose du Roi, des princes de sa famille, du chancelier de France, des ministres, des conseillers d'État et des maîtres des requêtes. On trouve à l'article 4 de l'ordonnance du 19 avril 1817 une disposition importante : « Il n'est tenu, dit cet article, aucun registre ni note des délibérations des conseils de cabinet : seulement, toutes les fois qu'un de ces conseils sera réuni, l'avis pris à la majorité des voix sera rédigé et certifié par l'un des ministres responsables y assistant. » On devait donc s'occuper dans ces réunions de cabinet des plus hautes questions intéressant le royaume ; on ne prenait pas note des discussions pour éviter les indiscrétions ou les trahisons, et la volonté du Roi n'y était plus prépondérante.

26-31 août 1824, nouvelle réorganisation du Conseil d'État par ordonnance royale.

En vertu de l'ordonnance des 18-21 septembre 1839, le Conseil d'État se divisa en cinq comités s'occupant de matières contentieuses et administratives.

La loi des 3-8 mars 1849 vint modifier profondément les attributions de la section du contentieux. Celle-ci n'avait fait jusqu'alors que préparer les décisions du pouvoir exécutif, émettant des avis, faisant des rapports, mais laissant au Gouvernement seul le droit de juger les questions en litige. A partir de 1849, la section du contentieux devint une véritable juridiction dont les décisions, comme celles des tribunaux ordinaires, furent revêtues de la formule exécutoire.

Malheureusement, sa compétence a été si mal définie, qu'elle juge encore aujourd'hui, tantôt en premier et dernier ressort, tantôt comme tribunal d'appel, tantôt enfin comme Cour de cassation, les litiges administratifs et les décisions contentieuses des Conseils de préfecture ou des diverses autorités administratives.

Enfin quinze ordonnances, décrets ou lois, viennent de nouveau modifier, depuis 1849 jusqu'au 13 juin 1873, la composition ou les attributions de ce grand corps. Il comprend actuellement vingt-deux conseillers en service ordinaire et quinze en service extraordinaire; vingt-quatre maitres des requêtes et trente auditeurs, avec un secrétaire général placé à la tête des bureaux et un secrétaire spécial attaché au contentieux. Les ministres ont rang et séance à l'assemblée générale avec voix délibérative, en matière non contentieuse, chacun pour les affaires dépendant de son ministère.

Le Conseil donne son avis : 1° sur les projets d'initiative parlementaire que l'Assemblée nationale juge à propos de lui envoyer ; 2° sur les projets de loi préparés par le Gouvernement et qu'un décret spécial ordonne de lui soumettre ; 3° sur les projets de décret et, en général, sur toutes les questions qui lui sont soumises par le Président de la République, et sur les règlements en forme de règlements d'administration publique. Des conseillers peuvent être chargés par le Gouvernement de soutenir devant l'Assemblée les projets de loi qui ont été renvoyés à l'examen du Conseil.

Il statue souverainement sur les recours en matière contentieuse administrative, et sur les demandes d'annulation pour excès de pouvoirs formées contre les actes des diverses autorités administratives.

Enfin les conflits d'attributions entre l'autorité administrative et l'autorité judiciaire sont réglés par un tribunal spécial composé du Garde des Sceaux, président, de trois conseillers d'État en service ordinaire, de trois conseillers à la Cour de cassation, de deux membres et de deux suppléants élus par les autres juges.

Ainsi le Conseil d'État est à la fois un comité consultatif et un tribunal. Il donne son avis quand on le lui demande, il défend certains projets de loi devant les Chambres quand le Gouvernement veut bien lui confier cette mission.

Comme tribunal administratif, ses attributions sont mal définies : tantôt il juge seul en dernier ressort, tantôt il examine en appel les litiges tranchés par les diverses autorités administratives. Quelle influence un pareil Conseil peut-il avoir sur la marche générale des affaires, notamment sur nos relations étrangères? A part la section de législation, qui pourrait rendre de sérieux services si elle avait la faculté de donner son avis en séance publique sur tous les projets de loi soumis aux Chambres par le Gouvernement ou l'initiative parlementaire, le Conseil d'État n'est qu'un bureau de consultation et un simple tribunal administratif assez mal organisé. On est tout surpris, lorsqu'en regard de ce grand corps, aux membres disparates, aux fonctions multiples sans rapports intimes les unes avec les autres, on place la Cour de cassation, la Cour des comptes, l'Université et les autres rouages importants de notre Gouvernement. Ici nous sommes arrivés, sinon à la perfection, du moins à une organisation complète, raisonnée; là, nous ne voyons qu'imperfections, lacunes et tâtonnements. L'énumération des lois, décrets et ordonnances relatifs au Conseil d'État, les modifications incessantes qu'il a subies depuis près d'un siècle, prouvent l'embarras du législateur et l'impossibilité où il s'est trouvé de réaliser une conception grandiose mais mal définie. Ce corps ressemble à certain monument de Paris auquel on n'a pu encore assigner une destination définitive : le Panthéon sera-t-il musée, nécropole ou église? Le Conseil d'État sera-t-il institut politique, cour suprême en matière contentieuse, école d'administration? Sera-t-il un des grands rouages du gouvernement républicain, un bureau consultatif des Chambres ou une annexe des ministères? Nul ne peut le dire, lui moins que personne.

Notre organisation judiciaire, notre comptabilité financière, sans être parfaites, sont néanmoins dignes d'un pays civilisé, et l'on s'étonne à bon droit qu'on n'ait pas obtenu les mêmes résultats dans l'établissement et le fonctionnement des services administratifs. Rien ne serait plus simple cependant : il suffirait de modeler cette organisation sur les autres et d'établir en matière contentieuse administrative deux degrés de juridiction comme en matière judiciaire. Les éléments sont là, définissez seulement les attributions.

On reconnaissait naguère en France deux grands pouvoirs régissant la société : le pouvoir législatif et le pouvoir exécutif. On n'admettait pas que la justice fût un pouvoir distinct, car, d'abord, elle se rendait au nom du Roi, investi seul de la puissance exécutive ; ensuite elle se bornait, disait-on, à appliquer la loi à certains ordres de faits, par conséquent à concourir à son exécution. Mais, aujourd'hui, la justice se rend au nom du Peuple français, c'est-à-dire du souverain, et non pas au nom du Président de la République ; d'un autre côté, il est inexact de dire qu'un jugement soit l'application d'une loi. Dans quelques cas, évidemment, le juge donne une sanction pure et simple à la loi, en matière pénale notamment ; d'ordinaire il examine les faits, pèse les raisons et tranche les litiges en s'appuyant sur des motifs tirés de sa conscience, ou sur les principes généraux qui ont présidé à l'élaboration de la loi. Quand le jury déclare un accusé coupable ou innocent, il n'applique pas la loi à certains faits, car il est censé ne pas la connaître ; or, le jury est ici le juge, et la cour n'intervient que pour sanctionner sa décision par une condamnation dont l'importance est formulée par la loi, ou par un acquittement. Le juge, au correctionnel, cumule les fonctions du jury et de la Cour ; il déclare l'accusé coupable ou innocent, d'abord, et il applique la loi ensuite. Si le juge n'avait d'autre mission que d'appliquer la loi purement et simplement, il n'y aurait qu'une peine fixe et invariable pour chaque délit, tandis qu'il a, dans certains cas, la faculté d'aller d'une peine faible à une peine très grave. Le pouvoir exécutif n'a pas cette latitude, puisqu'il met à exécution les règlements ou les jugements émanant des diverses autorités. Le pouvoir judiciaire est si peu un pouvoir exécutif, qu'il n'a pas le droit de faire exécuter, ni même d'ordonner l'exécution de ses propres décisions.

Ce qui prouve encore que le pouvoir judiciaire ne saurait être une dépendance du pouvoir exécutif, c'est que toutes nos constitutions, et notamment celle du 3 septembre 1791 dans l'article premier du chapitre V, disent : « Le pouvoir judiciaire ne peut, en aucun cas, être exercé par le Corps législatif, ni par le Roi. » Or, ce dernier était seul investi de la puissance exécutive. Eh bien, si les pouvoirs législatif et exécutif ne peuvent exercer le pouvoir judiciaire, qu'est donc ce dernier, sinon un pouvoir spécial et parfaitement distinct des deux autres ? Qu'est-il, sinon un troisième pouvoir dans l'État ? On ne veut pas admettre cette opinion, parce qu'elle imposerait tous les changements que nous avons fait prévoir et particulièrement la séparation des tribunaux administratifs de l'administration proprement dite. En maintenant les fonctions judiciaires dans les attributions de la puissance exécutive, on justifie l'existence des Conseils de Préfecture et du Conseil d'État, tels qu'ils sont actuellement organisés, et on conserve à cette puissance une partie de la prépondérance qu'elle avait sous les régimes monarchiques. C'est par là surtout qu'on peut assimiler le Président de notre République à un roi constitutionnel temporaire et électif. Le pouvoir exécutif n'empiète pas seulement sur le pouvoir judiciaire par suite de cette confusion si complaisamment entretenue, mais encore sur le pouvoir législatif, puisqu'il complète les lois en formulant des décrets et des arrêtés portant règlement d'administration publique. Il légifère donc, juge et exécute, réunissant ainsi, dans une certaine mesure, l'omnipotence gouvernementale. Nous l'avons bien vu, lorsqu'il a réglé par décret certaines matières qui exigeaient l'intervention d'une loi, ou lorsqu'il a fait la guerre sans l'autorisation préalable du Parlement.

Puisque le pouvoir judiciaire diffère aussi essentiellement du pouvoir exécutif, il est difficile de s'expliquer pourquoi le législateur a donné à celui-ci la faculté de trancher certains différends en créant dans son sein de véritables tribunaux, comme les Conseils d'État et de Préfecture. Si ces tribunaux étaient tout à fait indépendants et n'avaient d'autre mission que de juger les litiges administratifs, il n'y aurait rien à dire ; mais bien que le préfet ou le ministre soient seuls responsables, les Conseils d'État et de Préfecture concourent à la rédaction des règlements et des arrêtés, comme agents mêmes de l'administration ; puis, quand des difficultés se présentent dans leur interprétation, ils sont appelés à les trancher ; le préfet préside le Conseil de Préfecture et, en cas de partage, il y a voix prépondérante. (Constitution du 22 frimaire an VIII.) N'est-ce pas là cumuler le pouvoir législatif et le pouvoir exécutif, n'est-ce pas là être juge et partie ? Je dirai donc, en modifiant légèrement le texte de Montesquieu (*Esprit des lois*, liv. XI, chap. 6) : « Lorsque, dans la même personne et dans le même corps de magistrature, la puissance de faire des décrets ou des arrêtés est réunie à la puissance exécutrice, il n'y a point de liberté, parce qu'on peut craindre que le même président ou le même Conseil d'État ne fasse des décrets tyranniques pour les exécuter tyranniquement. »

L'administration, on le comprend, ne peut être entravée à chaque instant par les réclamations des administrés et les litiges doivent être tranchés rapidement si l'on ne veut pas voir le pouvoir exécutif à tout instant paralysé; on a donc établi avec raison des tribunaux spéciaux et « une juridiction particulière, au sein de l'administration, pour statuer par voie de jugement sur les litiges que les actes de l'administration font naitre » (Macarel, *Élém. de droit polit.*, p. 417); encore fallait-il rendre cette juridiction tout à fait indépendante du pouvoir exécutif, au moins en ce qui concerne les fonctions purement judiciaires des Conseillers d'État et de Préfecture. Nous avons dans les tribunaux ordinaires un exemple de cette distinction : les juges d'instruction sont inamovibles comme juges, mais on peut leur enlever, même sans motif grave, les fonctions de magistrat instructeur. Les membres des tribunaux administratifs devraient donc être inamovibles en cette qualité, et rester à la discrétion du Gouvernement en tant que conseillers et administrateurs adjoints. Par conséquent, une réforme sérieuse s'impose en cette matière; la nécessité s'en fait sentir depuis longtemps, car, en 1848, on lisait déjà dans le *Répertoire de législation* de Dalloz : « Le moment n'est pas éloigné où nous verrons la justice administrative reconstituée sur des bases nouvelles qui offriront aux citoyens toutes les garanties qu'ils sont en droit d'attendre. » Nous connaissons cette réforme réalisée par la loi du 3 mars 1849; elle est insuffisante.

Transformez donc les Conseils de Préfecture en véritables tribunaux administratifs, dont les membres seront inamovibles, et où se débattront toutes les affaires contentieuses en premier ressort, et recrutez leurs membres parmi les auditeurs au Conseil d'État, déjà nommés au concours, avec le préfet ou son représentant pour occuper le siège du ministère public. Permettez aux parties intéressées d'appeler de la décision de ces tribunaux administratifs devant le Conseil d'État érigé en cour spéciale d'appel, près de laquelle le ministre compétent ou son substitut viendra représenter le Gouvernement; enlevez enfin au Conseil d'État ainsi transformé sa section de législation et formez-en le grand Conseil politique dont nous réclamons si instamment l'institution; vous aurez ainsi établi entre toutes nos grandes institutions gouvernementales, une sérieuse corrélation et fait de notre organisation politique et sociale un édifice vraiment complet.

---

## CHAPITRE VII.

### Du grand Conseil et de ses attributions.

« Il faut des censeurs dans une république où le principe du gouvernement est la vertu. »
MONTESQUIEU.

En résumant très rapidement l'histoire de la Prusse, de l'Angleterre et de la France, nous voulions uniquement dégager cette vérité, à savoir que la prospérité d'un peuple dépend surtout de l'esprit de suite qui a présidé à sa politique dans le cours des temps. Nous espérons avoir pleinement réussi. Mais la politique française ayant fait trois évolutions distinctes, est-ce celle des Capétiens et de Louis XI que nous adopterons, ou celle de Charles VIII et de ses successeurs, ou bien encore celle d'Henri IV et de Richelieu ? Dans les matières qui n'intéressent pas la forme et le principe du gouvernement, nous pourrons consulter avec fruit la politique séculaire de la monarchie, notamment en ce qui concerne l'extension de nos frontières et la constitution définitive du patrimoine national, la bonne gestion des deniers publics, la prospérité du commerce et de l'industrie, c'est-à-dire la politique de Louis XI, de Richelieu et de Colbert ; mais nous devrons répudier leurs agissements toutes les fois qu'ils avaient pour but d'établir ou de fortifier des privilèges, de donner la prépondérance à une caste, à un culte quelconque, fût-il professé par la majorité des habitants ; nous devrons, en un mot, conformer notre conduite aux principes nouveaux proclamés par la Révolution.

Si la France, depuis 1789, était restée fidèle à ces principes, nous aurions une doctrine et des traditions politiques parfaitement déterminées ; mais à peine sortis de la période révolutionnaire, notre histoire, depuis un siècle, ne présente qu'une succession ininterrompue de régimes différents, de guerres, de bouleversements intérieurs, dus à de brusques revirements d'opinion. La République paraissant définitivement établie et généralement acceptée, il s'agit précisément aujourd'hui de constituer cette politique nouvelle, d'en fixer les caractères essentiels, d'en calculer la portée, de tout préparer enfin pour son application et son triomphe définitif. La République affirmera par là sa vitalité, et prouvera aux esprits hésitants qu'elle est un gouvernement sérieux, digne de présider aux destinées du peuple le plus policé de la terre.

I. — Ce qui précède doit faire entrevoir le but que nous nous proposons en demandant la création d'un grand Conseil, et surtout laisser pressentir la nature de ses travaux et les services qu'il est appelé à rendre. Il étudiera tout d'abord et résoudra les problèmes les plus élevés de la sociologie et de la morale. Qu'est-ce que l'homme, quels sont ses besoins, ses aptitudes, ses aspirations, ses droits, ses devoirs ? Quelle somme de travail doit-il s'imposer ? Le laissera-t-on individuellement jouir d'une liberté illimitée ou imposera-t-on à cette liberté des bornes nécessitées par la liberté d'autrui ? L'intérêt de la société ou de la Patrie primera-t-il celui du citoyen, ou faudra-t-il ériger l'égoïsme individuel en principe de gouvernement? Les solutions de ces questions constitueront les premiers principes et le fond même de la doctrine dont le grand Conseil sera appelé à déduire les conséquences. Il n'aura pas de trop grands efforts à faire pour élucider les différents points de ce programme, car depuis que le monde existe, ils sont l'objet des méditations des sages, des philosophes et des hommes politiques. Les dernières formules auxquelles nous sommes arrivés, et qui semblent être l'expression de la vérité et de la justice, sont celles-ci : la morale indépendante de tout dogme religieux et de toute doctrine hypothétique; la liberté de pensée absolue, la liberté d'action limitée par les exigences de la société; la subordination de l'intérêt privé à l'intérêt général. Le grand Conseil énumérera donc les principes essentiels de la morale, puis il indiquera les meilleurs moyens de les faire pénétrer dans l'éducation nationale, afin de rendre le peuple honnête, instruit, fort et courageux.

Les meilleurs principes de gouvernement et la politique la plus habile du monde n'aboutiront à aucun résultat si l'instrument social, si la nation et les individus qui la composent sont défectueux. Faites d'un Richelieu ou d'un Bismarck le premier ministre de l'Empire chinois, ils n'arriveront même pas aux résultats obtenus par le Tsung-li-yamen. Donnez à un Turenne ou à un Napoléon une armée d'hommes débiles et indisciplinés, ils ne subiront que des défaites.

Les principes de morale et d'hygiène étant établis, on les fera prévaloir par de bonnes lois sur l'instruction publique, à l'aide d'écoles et de gymnases réunissant tous les perfectionnements modernes, par l'élaboration de décrets et d'arrêtés sur les logements, la voirie, l'alimentation, les établissements et lieux publics, enfin par la réglementation de la presse. Ceci va faire pousser les hauts cris à certains esprits entichés de la liberté illimitée en toutes choses et pour tous.

Raisonnons cependant. Devons-nous, pour complaire à quelques politiciens de profession, sans convictions profondes, à quelques énergumènes ignorants, sortis de la foule des prolétaires, et dont les procédés violents constituent toute la logique, devons-nous, dis-je, sinon sacrifier, du moins compromettre l'avenir de notre cher pays? Parce que des esprits mal équilibrés, des agents provocateurs soudoyés par l'étranger, ou bien encore certains avocats et publicistes dévorés d'ambition, viendront exalter l'union internationale des travailleurs et faire litière du sentiment patriotique, nous lâcherons la bride à toutes les passions mauvaises, nous laisserons traiter en public les théories les plus dangereuses pour la sûreté de l'État, nous laisserons étaler aux vitrines des marchands et dans les romans — cette pâture de la jeunesse et de l'ouvrier — les images les plus obscènes, les récits les plus immoraux! Nous laisserons dire en public à tous ces pervertis ce qu'ils ne se permettraient à aucun prix dans leur intérieur, devant leurs femmes et leurs enfants! Allons donc! Nos législateurs ont fait preuve de trop de patience, disons le mot, de trop de faiblesse coupable; il n'y a rien de commun, l'expérience nous l'a prouvé d'une manière irréfutable, entre la liberté et la licence, et ce sera l'une des tâches du grand Conseil de déterminer d'une manière précise la limite qui doit exister entre ces deux choses.

Nous ne voulons pas faire du grand Conseil une contrefaçon de l'Académie des sciences morales et politiques ; il sera composé, ne l'oublions pas, de la section de législation du Conseil d'État actuel, et continuera, comme par le passé, à donner son avis sur tous les projets de loi émanés du Gouvernement ou de l'initiative parlementaire ; il donnera son avis toujours, et non pas seulement quand on daignera le consulter, car sa fonction sera précisément de rechercher tout d'abord si ces projets de loi ne renferment rien de contraire aux principes moraux dont nous l'aurons fait le régulateur et le gardien. En regard du texte original de toute proposition de loi, il écrira un nouveau texte plus ou moins corrigé, plus ou moins modifié, et quand le projet viendra en discussion devant les Chambres, le grand Conseil enverra l'un de ses membres expliquer les raisons de ses corrections et les défendre publiquement par la parole ou par des mémoires écrits. Son action législative, je ne me lasserai pas de le répéter, sera purement morale, son seul moyen, la persuasion, sa seule force, la force de la vérité, de la logique et de l'intérêt national. Quelle que soit l'urgence d'une mesure législative, elle ne sera pas entravée par cette intervention du grand Conseil, car dans ce cas il donnera son avis au pied levé, séance tenante ; quant aux projets de loi dont l'urgence ne sera pas évidente, ils ne pourront que gagner à cet examen fait par une assemblée d'hommes sérieux, inaccessibles aux courants subits de l'opinion et versés dans toutes les sciences juridiques, philosophiques et politiques.

Mais il ne suffit pas d'instruire le peuple, il faut encore veiller sur sa liberté, détruire les préjugés et les privilèges, ces grands, ces seuls ennemis de l'égalité politique qui doit exister entre tous les citoyens. La destruction des préjugés est affaire d'instruction, surtout d'éducation ; elle se rapporte au point traité précédemment ; cependant la destruction des privilèges est affaire de législation, elle ne pourra s'opérer que par un remaniement général de toutes nos lois sur la propriété, l'impôt, la procédure, le mode d'accession aux fonctions publiques, dans toutes les branches de l'administration. Ici la tâche du grand Conseil sera particulièrement longue, délicate et difficile. La question de la propriété l'amènera à revoir et à modifier les principes du Droit romain, pris pour base de leurs travaux par les législateurs du Code civil ; l'inégalité inévitable des conditions sociales et des fortunes l'amènera à réviser l'assiette des impôts ; pour rendre enfin vrai cet axiome de notre droit politique : « Tous les Français sont égaux devant la loi », il lui faudra changer l'organisation de nos tribunaux et surtout refaire de fond en comble la procédure actuelle, remaniement qui entrainera nécessairement la suppression du ministère obligatoire des avoués et des notaires, en tout cas la suppression de la vénalité de leurs charges. Le mode d'accession aux fonctions publiques démontrera, si nous voulons arriver à la destruction des privilèges, la nécessité de l'instruction intégrale pour tous les jeunes gens intelligents, qui auront le droit, à la suite d'une série graduée de concours, de passer de l'école primaire à l'école supérieure, de celle-ci au lycée, et du lycée aux Facultés et aux écoles du Gouvernement. Dans toutes les branches de l'administration, de la justice, de l'armée et de la marine, le concours deviendra l'unique mode d'avancement possible. Seuls, les Représentants du peuple, depuis les Conseillers municipaux jusqu'aux membres de la Chambre des députés et du Sénat, seront nommés par le suffrage universel, conséquence rigoureuse et logique de la souveraineté du peuple.

Dans ce défilé interminable de projets de loi soumis tous les jours à la sanction du pouvoir législatif, ne trouvons-nous pas maintes dispositions en opposition avec les principes démocratiques dont nous avons ébauché l'énumération ? Que dis-je, ne trouvons-nous pas dans ces lois des dispositions absolument contradictoires qu'un grand Conseil, gardien des principes, n'eût certainement pas laissé passer ? Cet épurement des textes, cette concordance de leurs dispositions, rendra les questions controversées de plus en plus rares ; le juge, les praticiens et les particuliers n'auront plus à recourir à ces monuments actuels de la jurisprudence, composés déjà de plusieurs centaines de volumes in-quarto, bien qu'ils se rapportent seulement aux procès engagés depuis soixante-quinze ans ! Je vais plus loin : s'il n'y avait pas d'ambiguïté, d'obscurité ou de contradictions dans les textes législatifs, il y aurait encore quelques procès d'exécution, il n'y en aurait plus de discussion.

Depuis plusieurs années le budget de l'assistance publique augmente dans des proportions inquiétantes ; déjà quelques Conseils municipaux et quelques politiciens, dans le but d'attirer l'attention des électeurs, ont proposé de voter des subsides aux ouvriers en état de grève ou privés de travail par la stagnation des affaires. Si nous persistons dans cette voie, bientôt la moitié de la France sera forcée de nourrir l'autre ; nous retomberons ainsi dans ces abus de la charité tant reprochés au moyen âge et à la théocratie, nous encouragerons la paresse et la mendicité, nous enlèverons à l'homme ce qui fait sa force et sa dignité : l'amour du travail et la confiance en soi. Le grand Conseil aura donc à tracer les règles et les limites de l'assistance publique en cas de procès, de maladie, de crise industrielle ou de calamité ; il cherchera les moyens de prévenir la misère plutôt que ceux de la soulager, et s'efforcera de mettre un terme à tous les abus en cette matière.

II. — Après avoir formulé les principes qui doivent présider à l'élaboration des lois et règlements concernant l'instruction du peuple, la liberté et l'égalité des citoyens, l'assistance publique, l'administration de la justice, c'est-à-dire des besoins moraux et intellectuels de la nation, le grand Conseil s'occupera de ses besoins matériels.

L'agriculture, la grande nourrice du genre humain, attirera tout d'abord son attention. Depuis quelques années elle subit, en France, une crise extrêmement grave ; d'un côté, le phylloxera a tari l'une des sources de sa richesse ; d'un autre côté, la concurrence étrangère, en amenant sur nos marchés des céréales à un prix très bas, ne permet plus à nos cultivateurs de trouver pour leurs blés un prix suffisamment rémunérateur. Au premier fléau, la science n'a pu encore opposer aucun remède efficace ; pour répondre à la concurrence étrangère, elle ne conseille rien moins qu'une transformation radicale des procédés de culture : la substitution des prairies naturelles et artificielles, et l'élevage du bétail à la production des céréales sur tous les terrains où cette substitution est possible, enfin l'emploi des engrais à haute dose et des machines perfectionnées là où les terres à blé seront conservées. Cette transformation de notre agriculture semble logique ; cependant il est important de prévoir le moment où les pays producteurs de blé ne pouvant plus soutenir la concurrence qu'ils nous font, leurs terres étant épuisées comme les nôtres, devront renoncer à nous inonder de leurs produits à bas prix et où il nous faudra, sinon revenir aux anciens errements, du moins modifier nos procédés en sens inverse. Les évolutions sont dangereuses, surtout en agriculture, lorsqu'elles sont brusques et inattendues ; mais, prévues longtemps à l'avance, préparées de longue main, elles ne sont plus qu'un de ces incidents sans gravité qui se produisent au cours de la vie des peuples.

L'industrie, contre-partie nécessaire de l'agriculture, met en œuvre les matières premières fournies par celle-ci, les façonne, les transforme et leur donne souvent une valeur qu'elles n'ont pas par elles-mêmes. L'industrie suivra donc une marche parallèle à celle de l'agriculture ; elle ne devra pas s'étendre à son détriment, car si l'équilibre était rompu, la nation deviendrait immédiatement tributaire des pays producteurs et de l'étranger. Elle se répand au dehors, il est vrai, et revend, après les avoir transformées et aux producteurs eux-mêmes, les matières premières qu'elle est venue leur demander. Mais de nouvelles difficultés se présentent : la concurrence fait naître des rivalités, des luttes, et pour soutenir les droits de quelques puissantes maisons, le pays tout entier se voit parfois engagé dans de graves complications diplomatiques et des guerres. Le grand Conseil, après avoir pris l'avis des Corps et des hommes compétents, adoptera en ces matières quelques principes généraux qu'il s'efforcera de faire prévaloir en toute occasion. Il veillera surtout à maintenir le cours de ces deux sources de la richesse nationale dans la voie tracée; il empêchera les déviations, les changements brusques et cette incohérence administrative, plus nuisible souvent que les plus grandes calamités.

Enfin, il portera son attention sur le commerce sans lequel ni l'agriculture ni l'industrie ne peuvent prospérer. Les sujets d'étude ne lui feront pas défaut. Est-ce au système du libre-échange ou au système protecteur qu'il accordera son appui? Sera-t-il partisan des traités de commerce ou de la liberté absolue du trafic? Écoutera-t-il les marchands de vin et d'eau-de-vie du Midi et de l'Ouest, ou les filateurs et les maitres de forges du Nord et de l'Est? Cette divergence des opinions prouve que la vérité absolue en pareille matière n'existe pas; chaque industrie, chaque région agricole parle dans son intérêt propre, et la différence des intérêts fait elle-même la complexité et la difficulté du problème. Pour ma part, je l'avoue, ni les controverses des économistes, ni les discussions des Chambres, n'ont produit encore à ce sujet la lumière dans mon esprit, et le grand Conseil n'aura sans doute qu'à chercher un moyen terme suscité par l'intérêt général du pays et acceptable pour toutes les parties. Un élément nouveau entrera, d'ailleurs, dans ses calculs : je veux parler de l'influence de la législation commerciale sur notre action politique extérieure. Il est évident, en effet, qu'afin d'attirer certains peuples voisins, de les entraîner dans notre orbite, nous ne devrions pas hésiter à leur accorder des avantages quelquefois onéreux pour nous. Par ses vues d'ensemble sur la marche générale de la République, le grand Conseil comprendra mieux que le Parlement lui-même l'utilité de ces sacrifices et la nécessité d'un objectif supérieur. Il sera, d'ailleurs, secondé par le pays lui-même, infiniment plus clairvoyant en cette matière que dans les questions de politique générale, et cela est facile à comprendre : les coups portés à notre puissance territoriale touchent la nation et l'affectent dans ses sentiments, mais les succès de la concurrence étrangère atteignent directement les individus dans leurs intérêts les plus chers, aussi avons-nous vu les conditions économiques et l'organisation du travail se modifier complètement depuis quinze ans. Indifférent, ou peu s'en faut, devant les résultats de la défaite militaire, on s'est raidi tout à coup contre les envahissements du commerce et de l'industrie allemande ; on s'est rendu compte du mal, on a compris les fautes commises, on a cherché les moyens d'y remédier, et patrons comme ouvriers se sont mis à l'œuvre sans perdre un instant. De ces préoccupations sont nés les syndicats professionnels et le renouvellement de l'outillage. Le Gouvernement, entraîné par ce mouvement général, et sans parler des projets grandioses de M. de Freycinet, a donné de nouvelles instructions à nos agents consulaires qui, sans négliger leurs fonctions politiques, se sont mis à la disposition des commerçants et des industriels en envoyant périodiquement des rapports sur l'état de nos affaires dans les pays près desquels ils sont accrédités, en y surveillant les manœuvres de nos concurrents et en indiquant les meilleurs moyens de leur tenir tête.

Malheureusement, en cela comme en politique, nous avons manqué de la logique et de l'esprit de suite indispensable au succès. Comment! Nous nous plaignons de la concurrence étrangère, de ses moyens déloyaux, et nous sommes les premiers à la favoriser! Nous recevons ses marchandises et nous leur donnons notre estampille! Nous employons des ouvriers étrangers parce qu'ils ont des exigences moins grandes que nos nationaux; nous allons chercher au dehors des matières premières et des objets fabriqués parce qu'ils nous coûtent meilleur marché, et nous croyons réaliser ainsi une double économie! Regardons-y de près, cependant. Le marchand d'étoffes achète du vin à l'Italie ou à l'Espagne, moins bon mais moins cher que le vin de France; il réalise une très petite économie, mais il fait un tort sérieux à son voisin, le vigneron. Celui-ci achète à son tour des étoffes de médiocre qualité à l'Allemagne, il réalise également une très petite économie, mais il fait un tort sérieux à son voisin, le marchand d'étoffes. En somme, les économies réalisées par ces deux commerçants sont minimes, le tort qu'ils se causent réciproquement est grand. Ainsi l'égoïsme mal entendu, mesquin, irréfléchi, a cette conséquence inévitable de ruiner l'industrie et le commerce français au grand avantage de nos ennemis. Suivons le conseil de Caton l'Ancien : n'achetons jamais, vendons toujours, c'est-à-dire ne cherchons au dehors que les choses dont nous ne pouvons nous passer et faisons prendre le pas à nos exportations sur nos importations. Les traités de commerce actuels ne nous gêneront pas, car la volonté générale aura bien plus d'effet que tous les systèmes protecteurs. Si, dans un esprit non seulement de patriotisme élevé, mais encore d'économie bien entendue, nos commerçants et industriels renonçaient à employer des ouvriers et à acheter des produits étrangers, les salaires de nos nationaux s'élèveraient, cela est incontestable, mais nos produits, à l'intérieur tout au moins, se vendraient également plus cher, et tout le monde y trouverait son compte. Nous retiendrions en France des gens habiles, des artistes qui vont chercher fortune au dehors, et nous repousserions cette tourbe d'affamés qui traverse nos frontières comme une nouvelle invasion de Barbares, vient faire son apprentissage chez nous, surprend nos secrets de fabrication et nos procédés, corrompt nos usages commerciaux et tend à abaisser le niveau de notre industrie. En réchauffant ces serpents-là dans notre sein, nous perdons une partie de notre calorique, résultat incontestable d'une loi physique, et nous nous exposons à leurs morsures. Qui ne sait, pourtant, que tous ces ouvriers allemands, si facilement accueillis chez nous, ont été les espions bien renseignés et les meilleurs guides de l'armée envahissante! Serons-nous donc assez aveugles, assez imprévoyants, pour recommencer une aussi triste expérience?

En cette matière encore, l'intervention raisonnée, permanente, d'un grand Conseil serait, par conséquent, d'un prix inestimable.

III. — A toute machine à vapeur il faut une soupape de sûreté, à tout canal il faut un déversoir, à toute maison confortable des dépendances; une nation dont la population, les besoins et les productions sont essentiellement variables, exigera également des colonies pour écouler le trop-plein de ses habitants, le superflu de ses marchandises fabriquées, ou pour trouver les matières premières indispensables à son industrie. Le rôle extérieur de la France est tout indiqué par sa situation géographique ; bornée par trois mers, elle est un trait d'union nécessaire entre l'ancien et le nouveau continent, entre les peuples du Nord et ceux du Midi, enfin entre l'Occident, la grande péninsule africaine et les empires de l'Orient. Ses ports, ses havres, les tendances naturelles de tous les habitants de ses côtes la poussent vers la mer et les expéditions lointaines ; en Amérique, elle a occupé et civilisé le Canada, la Floride, la Louisiane, Saint-Domingue, les petites Antilles, Cayenne ; en Asie, elle a conquis une partie de l'Inde, elle est en train de reconstituer un vaste empire dans l'Indo-Chine ; elle possède de nombreuses îles dans le Grand-Océan et fait valoir ses droits sur l'importante île de Madagascar. Elle a créé une nouvelle France dans ces immenses contrées du Nord de l'Afrique, autrefois civilisées par les Romains et les Carthaginois ; bientôt cette France se reliera aux rives du Sénégal et du Niger par-dessus le désert de Sahara que ses canaux et ses chemins de fer vont sillonner ; enfin elle a porté en Égypte, en Syrie, en Grèce et dans tout le Levant les progrès de sa civilisation, le respect de sa puissance et de sa loyauté chevaleresque ; tous ces efforts dans les siècles passés et le temps présent lui ont créé des titres qu'elle ne saurait abandonner sans déchéance. Il s'est établi, d'ailleurs, entre son agriculture et son industrie, d'un côté, et ces contrées lointaines, de l'autre, un courant commercial irrésistible ; cependant le grand Conseil recherchera dans quelle mesure cette expansion colonisatrice doit être contenue ou favorisée ; il calculera si l'excès de notre population la justifie, si la défense de toutes ces possessions ne nous impose pas des sacrifices trop lourds pour ne pas nous affaiblir sur le continent ; dans le cas où il résoudrait cette question dans un sens négatif, il cherchera les moyens de favoriser les mariages, d'augmenter la population et de réagir contre l'égoïsme étroit de nos concitoyens, seule cause, à mon avis, de notre stérilité apparente ; il demandera enfin à des peuples amis, pour nos colonies, le contingent d'émigration que notre pays ne peut leur fournir.

Une question plus haute devra attirer son attention. Il est bien de fonder des colonies, il est mieux de les conserver ; il est mieux surtout de les diriger pour le plus grand profit de la civilisation générale du globe. Il y a différentes manières d'administrer une contrée lointaine. Renferme-t-elle une population dense, riche, industrieuse, paisible, on la livre à une exploitation égoïste et féroce, comme font les Anglais dans l'Inde, comme ont fait pendant longtemps les Espagnols au Mexique, au Pérou et dans toute l'Amérique du Sud ; ou bien on s'efforce de favoriser les unions entre aborigènes et colons, et de former une population mixte, comme nous commençons à le faire en Algérie. Si la contrée, absolument sauvage, renferme une race inférieure, on peut détruire impitoyablement les naturels, à l'exemple des émigrants anglais dans l'Amérique et l'Australie, ou bien on cherche à les civiliser, comme nous l'avons toujours fait dans nos colonies ; de ceci, nous trouverons une preuve indiscutable dans le rôle joué à nos côtés par les Indiens d'Amérique et les Hindoustanis dans nos guerres contre les Anglais, et dans la fidélité héroïque que nous témoignent aujourd'hui les Arabes, les Kabyles et les Berbères de l'Afrique enrôlés sous nos drapeaux. Quoi qu'il en soit, il est impossible de mettre en vigueur dans une contrée lointaine, peuplée ou non, les lois et règlements de la mère-patrie. Il faut au colon une indépendance presque complète, tout au moins au point de vue administratif; les règles relatives au taux de l'intérêt, à la transmission de la propriété, à la constitution des gages et hypothèques le paralysent, et pourvu que les grands principes de notre droit civil et politique ne soient pas compromis, pourvu que les lois de l'humanité soient rigoureusement observées, nous n'avons pas trop à nous mêler des règlements qu'il lui plaira de se donner. Ce sera l'une des tâches du grand Conseil de marquer les limites entre lesquelles les colonies pourront se mouvoir et se gouverner, de fixer l'étendue des sacrifices que la mère-patrie s'imposera en leur faveur, de déterminer surtout les rapports sociaux et politiques qui s'établiront entre les émigrants et les habitants du pays.

IV. — Le rôle du grand Conseil se développe logiquement, ce me semble, et forcément aussi, car régulateur et suprême guide de la nation, tout ce qui touche à la moralité de celle-ci, à son instruction, à son activité, à ses besoins, ne peut lui rester étranger; il s'est préoccupé de son hygiène morale et physique, de son développement matériel, il lui faudra maintenant s'occuper de sa sûreté. Les nations, comme les individus, sont dans un état permanent d'antagonisme; les moins favorisées ont une tendance constante à prendre la place des autres, les plus forts à écraser les faibles. Mais la lutte n'existe pas seulement entre les intérêts et les peuples, elle existe aussi entre les idées et les formes de gouvernement, entre les monarchies et les républiques, entre les classes dirigeantes et les prolétaires; de là ces malaises, ces tiraillements dans les relations sociales et internationales, de là ces guerres atroces qui viennent changer la face du monde et détourner parfois le cours de la civilisation. A quoi donc servirait de donner à la nation le bien-être et la santé, si on la laissait exposée aux dissolvants intérieurs, aux agressions de ses voisins, aux humiliations et aux démembrements? Nous savons trop, hélas, ce que coûtent les armées permanentes, les forteresses et le matériel de guerre, les flottes et les équipages de combat! Cependant, si onéreux, si préjudiciables, si barbares que soient ces instruments de violence, ils sont malheureusement indispensables actuellement à la sûreté du pays et à son développement normal. Le grand Conseil aura donc à s'occuper de toutes les questions concernant la défense et l'armement de la nation. Ses méditations porteront sur trois points principaux. Il recherchera d'abord, en tenant compte des enseignements de l'histoire, quelle est actuellement la meilleure constitution d'une armée. Doit-elle comprendre toute la jeunesse française à qui l'on imposera un service obligatoire et assez court, ou bien se composera-t-elle de volontaires et de mercenaires rompus au métier des armes par un service de longue durée? Quel mode d'avancement adoptera-t-on, quelles règles de discipline lui prescrira-t-on? La destinera-t-on à un rôle purement défensif ou faudra-t-il prévoir pour elle un rôle agressif? Toutes ces questions sont de la plus haute importance, elles doivent être résolues promptement et radicalement sous peine d'une irrémédiable déchéance, car les ressorts de la politique européenne sont tendus au dernier point, et malgré les apparences d'une paix générale, il faut s'attendre à une prochaine explosion.

La question de la composition de l'armée étant vidée, il faudra s'occuper de son armement et de son matériel. Doit-on s'en tenir aux fusils, aux canons, aux vaisseaux actuels, ou ne faut-il pas rechercher au contraire des engins plus perfectionnés? Doit-on se soumettre, en un sujet aussi grave, aux exigences budgétaires, ou bien ne faut-il pas se résoudre aux sacrifices les plus lourds pour assurer dans un délai plus ou moins rapproché le triomphe de nos armes? Jusqu'à présent la politique intérieure a eu trop d'influence sur la discussion de ces matières; nous voyons avec un vif regret patriotique la plupart de nos mandataires, dans un intérêt purement électoral, vouloir réduire le service militaire et alléger les charges qu'une puissante armée imposerait à la nation; il faut donc qu'un grand Conseil vienne appeler à l'appui de notre sécurité nationale et de notre honneur les raisons déterminantes de la logique et de la science. Mangeons du pain noir, buvons de l'eau, plutôt que de subir encore une fois les défaillances et les hontes de 1870!

Nous n'avons plus de frontière à l'Est, c'est un fait indiscutable; le camp retranché d'Épinal, les forteresses de Toul et de Verdun seraient impuissantes pour arrêter la marche d'une nouvelle invasion; nos ennemis, maitres de ces admirables barrières que Napoléon III n'a pas su défendre et que Bazaine a vendues, les ont garnies en outre d'innombrables soldats. En vingt-quatre heures leurs cavaliers couvriraient nos départements jusqu'à la Meuse et y rendraient la mobilisation impossible; et nos ministres, nos comités de défense, nos Chambres ne semblent pas s'en préoccuper! Donnez-nous donc vite un grand Conseil qui, faisant taire toutes les préoccupations électorales, accordant toutes les opinions contradictoires, mettant l'intérêt et l'honneur national au-dessus de l'agriculture, de l'industrie, du commerce, des intérêts particuliers, au-dessus de la civilisation, au-dessus de tout, rappellera le pays et le Parlement à la raison, au sentiment du danger, et leur imposera les mesures prescrites par la plus simple prudence. Si nos forteresses sont suffisantes, il faut leur donner des garnisons sérieuses et opposer aux fourrageurs ennemis des escadrons assez nombreux pour se porter, dès le premier jour d'une guerre, sur tous les points de notre frontière factice et même dans ces malheureuses provinces séparées de nous, mais qui n'ont pas, j'en suis certain, cessé d'être françaises de cœur.

La guerre moderne se fait avec une telle rapidité, que les voies de communication et de transport figurent au premier rang parmi les facteurs du succès. Nos chemins de fer n'ayant pas tous été construits dans un but stratégique, cela est évident, il faut les modifier ou plutôt en construire de nouveaux, sans nous préoccuper de l'intérêt particulier des compagnies, opposé certainement à cet intérêt supérieur de la défense nationale. Le grand Conseil étudiera notre carte, amènera le Parlement à décréter immédiatement de nouvelles lignes conduisant aux points faibles, il portera même son attention sur les autres réseaux et les fera converger vers ces points.

Les routes, les ponts, les lignes télégraphiques, les canaux, seront étudiés et modifiés dans le même but; les munitions et les approvisionnements seront préparés et constamment renouvelés; les chevaux, les mulets, les arsenaux incessamment visités, et le grand Conseil veillera à ce qu'on agisse au sujet de la défense comme si nous étions toujours à la veille de voir éclater la guerre. Ce que nous disons de l'armée de terre concerne évidemment l'armée de mer, car elles devront se prêter un mutuel ppui et agir de concert pour obtenir les meilleurs résultats. Nécessairement conduites par des chefs différents, elles obéiront néanmoins à une direction unique et supérieure.

V. — J'arrive à la partie la plus délicate, la plus grave des attributions du grand Conseil. Les traités de 1815, en détruisant l'unité territoriale de la France, lui ont créé l'obligation stricte de revendiquer par toutes les voies de droit les provinces dont elle a été dépouillée et qui constituent son patrimoine. La guerre de 1870 est venue aggraver sa situation et augmenter l'importance de son obligation. Nous ne nous lancerons pas dans une longue discussion rétrospective pour déterminer nos limites naturelles et historiques; elles existaient longtemps avant la conquête romaine; elles ont subsisté intactes jusqu'en l'an 450 de l'ère chrétienne; bouleversées un instant par l'invasion des Barbares, elles ont été rétablies par les Francs nos ancêtres; le règne de la féodalité ne leur a porté aucune atteinte, car malgré le morcellement apparent de la Gaule, elle n'en a pas moins été occupée continuellement par des peuples d'origine franque et gallo-romaine; les vicissitudes de la monarchie française n'ont rien changé non plus à cet ordre de choses, et c'est seulement depuis l'attribution à la Prusse et à la Bavière d'une partie de la rive gauche du Rhin, en 1815, que l'unité territoriale de la Gaule a été véritablement entamée. Au Sud et au Sud-Est, nos frontières naturelles sont intactes; c'est donc au Nord-Est et à l'Est que doivent porter nos revendications. Henri IV voulait réunir à sa couronne « tous les pays où l'on parlait français ». Il oubliait, ce vaillant prince, que la langue ne constitue pas seule le signe caractéristique d'une nationalité. Les Provençaux, les Basques, les Flamands ne parlent pas français et il n'est jamais venu à l'esprit de personne de les considérer comme des étrangers. Les Anglais n'ont jamais revendiqué la Bretagne parce que les Bretons parlaient la même langue que les gens du pays de Galles. Richelieu était plus dans la vérité en disant : « Jusqu'où allait la Gaule, jusque-là doit aller la France. » Nos revendications doivent donc porter non seulement sur l'Alsace et la Lorraine récemment annexées à la Prusse, mais encore sur la Bavière et la Prusse rhénanes, sur le grand-duché de Luxembourg et toute la Belgique jusqu'au Rhin. Parmi ces provinces quelques-unes parlent allemand, il est vrai ; mais est-ce que la langue allemande n'est pas notre premier idiome, est-ce que ces provinces n'ont pas été conquises par les Francs, nos ancêtres, est-ce que ce ne sont pas leurs descendants qui les occupent encore aujourd'hui? Et si, celles de leurs tribus fixées dans l'intérieur de la Gaule, noyées pour ainsi dire au milieu de la population gallo-romaine, ont modifié leur langage, pendant que les autres tribus demeurées sur les bords du Rhin, en contact permanent avec la Germanie, continuaient à parler allemand, doit-on conclure que ces tribus ont cessé d'être sœurs et qu'elles ont rompu leurs liens naturels en changeant d'idiome ? Ce serait méconnaître les lois les plus simples de la nature et de la filiation. D'ailleurs la langue française est plus répandue dans ces provinces qu'on ne le croit généralement, surtout dans les villes et les centres civilisés. On parle français dans une partie du Luxembourg, on parle français dans toute la Belgique ; dans l'Alsace et la Lorraine annexées on ne parle qu'un patois allemand comme dans le midi on parle un patois italien ; les usages, les lois, les règlements y sont français ; la religion catholique y domine ; nous y trouvons donc à chaque pas les témoins de nos droits et les titres sur lesquels nous fondons notre revendication.

Toutes les grandes villes des bords du Rhin sont situées sur la rive gauche du fleuve, sans communication, pour ainsi dire, avec la Germanie, car aucune d'elles n'est reliée à la rive droite par ces ponts monumentaux et anciens comme on en trouve à Paris et à Londres. Elles ont été bâties par nos ancêtres, les Gallo-Romains : Constantia (Constance), Basilea (Bâle), Argentoratum (Strasbourg), Augusta Nemetum (Spire), Borbetomagus (Worms), Moguntiacum (Mayence), Confluentes (Coblentz), Colonia Agrippina (Cologne), Augusta Trevirorum (Trèves).

Ces provinces sont arrosées par des eaux françaises : la Moselle, la Meuse, l'Escaut, et il suffit de jeter les yeux sur une carte pour voir qu'elles appartiennent géographiquement à la Gaule, c'est-à-dire à cette portion de l'Europe située entre la Manche, l'Océan, les Pyrénées, la Méditerranée, les Alpes et le Rhin ; les populations de la rive gauche de ce fleuve n'ont ni le même costume, ni le même langage, ni les mêmes usages que celles de la rive droite; généralement, elles ne professent pas la même religion; elles le comprenaient si bien, en 1792, qu'elles envoyèrent des députés à la Convention nationale pour demander leur réunion à la France.

Les fleuves, a-t-on dit, réunissent les peuples, les montagnes les séparent : aussi les Prussiens, se prévalant de cette opinion, ont-ils voulu faire des Vosges notre frontière à l'Est. Cette prétention n'est pas soutenable. Les Vosges, chaîne de montagnes très secondaire, peuvent limiter deux provinces, non deux pays distincts; elles ne se rejoignent pas au Jura, dont elles sont séparées par la trouée de Belfort, et, vers le Nord, se prolongent seulement jusqu'au mont Tonnerre, c'est-à-dire au tiers à peine de la distance qu'elles devraient parcourir pour former une limite véritablement sérieuse. C'est comme si nous soutenions que les montagnes de la Forêt-Noire, contre-partie des Vosges, devaient former la séparation entre la France et l'Allemagne! Le Rhin, au contraire, par sa largeur et la direction de son cours du Sud au Nord, semble avoir été créé par la nature pour servir de barrière entre la Gaule et la Germanie. Les Romains ont trouvé cette barrière et l'ont respectée; le moyen âge et l'Europe, jusqu'en 1815, en ont fait autant.

Ces témoins de notre occupation séculaire, ces titres de nos droits, n'existeraient-ils pas que nous invoquerions encore un droit supérieur, celui que doit et peut invoquer tout être, tout organisme, toute société, toute nationalité : le droit à la vie; et s'il était méconnu, nous nous résignerions, sans lâches regrets, à subir la loi primordiale si bien qualifiée par Darwin : la lutte pour l'existence!

Il est imprudent, dira-t-on, d'agiter actuellement une aussi grave question. Quelle naïveté! Et qui espère-t-on tromper en gardant le silence? Est-ce que la Prusse et ses conseillers se font illusion sur la situation? Est-ce qu'ils ne connaissent pas aussi bien que nous, mieux peut-être, nos titres et nos droits? Est-ce qu'ils ne s'attendent pas à nous les voir invoquer d'un jour à l'autre? Matériellement et diplomatiquement, si je puis ainsi parler, nous sommes en paix avec la Prusse; moralement et économiquement, nous sommes en guerre, nos armements immenses le prouvent; nous nous regardons depuis quinze ans avec défiance et nous nous regarderons ainsi jusqu'au jour où un événement quelconque, difficile à prévoir, je l'avoue, viendra mettre le feu aux poudres. Notre silence, croyez-le bien, n'endormira pas plus la vigilance de notre ennemie, que sa modération actuelle, modération d'un conquérant repu, ne nous fera oublier nos mutilations.

Personne ne se lance à la légère dans un procès, encore moins dans une guerre. On examine la question sous toutes ses faces, on étudie les titres, on se préoccupe surtout des formes de la procédure et de la juridiction. Est-ce par les armes ou par la diplomatie que nous agirons? Revendiquerons-nous nos droits nous-mêmes ou laisserons-nous ce soin à nos descendants? Les revendiquerons-nous tous à fois ou seulement les uns après les autres? Resterons-nous seuls en cause ou n'essayerons-nous pas d'engager d'autres peuples dans le procès? Autant d'importantes questions que le grand Conseil devra se poser et résoudre. Ce sera la partie véritablement ésotérique, secrète, de sa tâche; il l'accomplira avec l'intelligence, le sang-froid, la prudence et l'inébranlable constance qu'exige toute question de vie ou de mort ; il prendra l'avis des ministres, des hommes politiques, des généraux, des amiraux, des diplomates sur tous les points de détail et sans laisser pressentir le but de ses investigations ; il ne tiendra aucune note écrite de ses délibérations, discutera dans l'ombre et ne laissera percer sa pensée que par les actes qu'elle aura inspirés.

Les sections du grand Conseil sont tout indiquées par la nature des questions soumises à ses méditations. Nous aurons :

1° La section de morale et de législation, comprenant tout ce qui a trait à l'instruction, à la liberté, à l'égalité, à l'assistance publique et à la justice ;

2° La section de l'agriculture, de l'industrie et du commerce ;

3° La section de colonisation ;

4° La section de la défense nationale, comprenant l'armée, la marine, l'armement, les forteresses, les ports et le matériel de guerre ; les routes, les ponts, les canaux, les postes, les télégraphes et les chemins de fer ;

5° Enfin la section de revendication et de politique étrangère.

Ces cinq sections travailleront séparément, mais devront toujours se réunir pour adopter un principe, tracer une ligne de conduite ou prendre une résolution importante.

Nous aurions bien encore à nous demander comment et de quelles personnes on composera ce Conseil ; à quoi bon ? Qu'il soit nommé par le suffrage universel, ce qui me semble difficile, ou par les Chambres réunies aux corps savants, il aura sur-le-champ la conscience de sa responsabilité ; peu importe que ses membres aient des opinions divergentes : pourvu qu'ils soient patriotes et républicains, ils ne tarderont pas à s'accorder sur tous les points de la manière la plus complète, car l'union sera la condition essentielle de leur autorité et de leur force.

Une incompatibilité absolue existera, cela va sans dire, entre la fonction de membre du grand Conseil et toute autre fonction salariée ou même purement honorifique ; les ministres et les Présidents de la République pourront, une fois hors de fonction, entrer dans le grand Conseil, mais un grand Conseiller restera inamovible, à moins de motifs très graves, et il lui sera interdit de jamais occuper un autre emploi, dans le cas même où il voudrait donner sa démission. Il ne pourra ni se livrer à des opérations commerciales, ni s'intéresser dans une entreprise industrielle ou financière, ni faire quoi que ce soit de nature à influencer ses décisions ou à laisser soupçonner son patriotisme et son absolu désintéressement. Toute indiscrétion, toute forfaiture de sa part sera considérée comme un crime de haute trahison et de lèse-patrie. Plus la fonction sera élevée, plus le crime sera grand et la déchéance profonde.

Le grand Conseiller ne recevra point de traitement, s'il est riche ; dans le cas contraire, on lui accordera une indemnité variable, selon ses besoins et ceux de sa famille ; il n'acceptera ni présents, ni titres honorifiques, ni décorations de l'étranger ou même du Gouvernement français ; il ne jouira d'aucun privilège, d'aucune immunité, mais, lorsqu'il voyagera ou agira dans l'exercice de ses fonctions, on lui rendra les honneurs dus aux ministres. Toutes les portes les écoles, lycées, établissements publics, casernes arsenaux, archives, lui seront ouvertes ; tous les employés, magistrats, officiers et fonctionnaires publics seront tenus de répondre à ses questions, de lui soumettre leurs papiers et registres et de lui donner, de vive voix ou par écrit, tous les renseignements qu'il leur demandera.

De son côté, il emploiera toutes ses facultés physiques et morales, tout son temps, à l'accomplissement de sa mission ; enfin, il aura sans cesse présentes à l'esprit les belles paroles d'Hincmar : « Hors la vie éternelle, il ne préférera rien à la République et à la Patrie. »

S'il est difficile, dans une famille, de se tracer une règle de conduite et d'obéir, de père en fils, à un programme nettement défini, à plus forte raison sera-t-il difficile, pour un peuple, de comprendre tout d'abord ses véritables intérêts et de poursuivre dans le cours des âges la réalisation de ses espérances. Les premières manifestations du sentiment politique n'apparaissent qu'au moment où la nation commence à se former. Plus le sentiment national se développe, plus la politique se simplifie, en ce sens que les intérêts particuliers des cités ou des provinces s'effacent de plus en plus devant l'intérêt général. Mais qu'il s'agisse d'une famille, d'une tribu, d'une république ou d'un royaume, les nécessités et les conditions de la politique sont les mêmes. Pour produire de bons effets, il faut qu'elle ait un but défini, qu'elle se transmette d'une manière quelconque, d'âge en âge, qu'on la suive, enfin, sans y apporter d'autres modifications que celles imposées par la nécessité la plus absolue. Au début, un programme ne saurait être, en effet, irréprochable ; son application en démontre inévitablement les défectuosités ; il importe donc d'en retrancher peu à peu les parties irréalisables ou préjudiciables et de ne pas s'obstiner à la poursuite d'une entreprise chimérique. Par conséquent, point de programme politique sérieux s'il n'est tout d'abord très simple ; point de programme exécutable s'il n'est définitif ; point de programme définitif si sa transmission d'une génération à l'autre n'est pas assurée par une institution quelconque.

La seule politique qui ait présenté dans l'antiquité tous ces caractères, la politique de Rome, a eu des résultats merveilleux. Elle se résumait dans cette phrase : *Tu regere imperio populos, Romane, memento.* « Souviens-toi, Romain, que tu es né pour gouverner le monde. » Elle était définitive, cette politique, et n'a jamais varié ni sous les Rois, ni sous la République, ni sous les Empereurs ; sa transmission était assurée par l'institution du Sénat, et le Sénat lui est resté constamment fidèle. Mais si elle était très simple, elle était également trop ambitieuse et contenait en elle-même le germe de la catastrophe finale que devaient nécessairement amener son développement et son succès complet.

Cependant, si simple que soit le but d'une politique, il n'est pas toujours facile de le marquer ; il est surtout très difficile d'indiquer les voies et moyens à l'aide desquels on l'atteindra, car la politique est tout à la fois une science et un art. Elle est une science lorsque, s'appuyant sur l'histoire et le raisonnement, elle trace les règles théoriques qui doivent présider à la formation, au développement et au gouvernement des sociétés ; lorsqu'elle étudie les caractères des peuples, les raisons de leur antagonisme, leurs armements, leurs aptitudes guerrières, leurs forces de résistance physiques et morales, leurs ressources en tous genres; elle devient un art quand elle veut tirer parti des circonstances, lorsqu'avec souplesse et prudence elle ralentit ou précipite son action, lorsqu'à l'aide d'habiles manœuvres elle sait préparer le terrain où elle veut agir, lorsqu'enfin elle fait tourner à son profit les événements mêmes qui semblaient lui être défavorables. Chose singulière! Personne n'oserait se proposer comme ingénieur s'il ne possédait à fond la géométrie, la mécanique et les mathématiques; personne n'oserait enseigner la musique s'il n'était musicien, personne n'oserait tenir le gouvernail d'un navire s'il n'était marin, mais tout le monde se croit apte à remplir les fonctions de Député et de Sénateur, et l'on pense pouvoir diriger l'État sans connaître le premier mot des sciences politiques et morales, sans avoir étudié sérieusement l'économie et l'histoire de nos relations étrangères. La présence d'un grand nombre d'avocats dans le Parlement est un sujet d'étonnement pour tout le monde : indépendamment de la parole dont ils font profession et qui est absolument nécessaire pour débattre publiquement toutes les questions, ce sont cependant les seuls hommes qui aient effleuré, dans leurs études, les sciences juridiques et politiques; malheureusement, beaucoup d'entre eux, dévorés d'ambition, sautent des bancs de l'école à la tribune des réunions publiques et prennent quelque facilité d'élocution pour le signe infaillible d'aptitudes gouvernementales; aussi avons-nous beaucoup de parleurs et peu d'hommes sérieux. Le peuple ignorant, inconstant, toujours épris de nouveauté, se laissant éblouir par les affirmations hardies, les promesses inconsidérées, l'étalage et le développement hyperbolique des panacées les plus étranges, donne ses suffrages parfois aux gens les moins propres à réaliser ses *desiderata*. Eh bien, malgré la composition défectueuse de nos assemblées, la force de la vérité est si puissante, la clarté de la science si vive, qu'il suffirait à un gouvernement homogène, composé d'hommes spéciaux mais unis par des principes généraux parfaitement approfondis, de se présenter devant elles pour rallier, sinon toutes les voix, du moins la majorité et donner à notre politique une orientation définitive. Combien aurait plus de force encore un grand Conseil indépendant, toujours sur la brèche malgré les crises parlementaires, toujours étudiant dans le silence et la paix du cabinet, voyant les choses d'un point de vue assez élevé pour ne pas être impressionné par un échec accidentel, ramené cependant des hauteurs de la théorie sur le terrain pratique par le patriotisme de chacun de ses membres ! La science politique, encore à l'état embryonnaire, ne tarderait pas à prendre corps, elle fixerait les destinées, non seulement de la France, mais de tous les peuples, et nous amènerait insensiblement à cet état de paix universelle considéré jusqu'à ce jour comme une utopie irréalisable. Si quelques puissances n'avaient pas empiété sur le territoire de leurs voisins, si d'autres n'avaient pas de revendications légitimes à exercer, les causes de guerre seraient bien diminuées et l'on pourrait alors régler tous les différends par voie d'arbitrage.

A la rigueur, un Sénat n'est pas nécessaire pour conserver dans la mémoire du peuple le but qu'il se propose, la simple tradition suffirait ; mais l'art politique ne s'improvise pas ; comme tous les arts, il exige un apprentissage long et difficile; il a des procédés, des ressources infinies, des arcanes dont les esprits les plus intelligents ne se doutent ordinairement pas; de là, pour cet art, la nécessité d'un enseignement préalable, d'un véritable conservatoire, si j'ose employer ce mot, chargé d'en perpétuer les traditions, d'en perfectionner les règles particulières et générales, d'en assurer les progrès et la réalisation définitive.

Une politique judicieuse et suivie est-elle possible, je ne dirai pas avec la mobilité des institutions gouvernementales, mais avec le changement incessant des ministres et des fonctionnaires? A peine un ambassadeur ou un consul commence-t-il à connaître le pays et les autorités près desquels il est accrédité, qu'il se voit déplacé ou remercié. Les préfets, les gouverneurs de nos colonies se succèdent avec une rapidité vertigineuse et chaque nouveau venu n'a rien de plus à cœur que d'effacer les traces du passage de son prédécesseur; incohérence dans la politique étrangère, ignorance dans le maniement des affaires commerciales, anarchie dans l'administration, affolement des populations, tourbillonnement des idées, voilà les résultats de cet aveuglement soi-disant démocratique. Combien est différente la conduite de nos adversaires? Pendant que lord Lyons a représenté l'Angleterre à Paris, cherchez le nombre de nos ambassadeurs qui se sont succédé à Londres, faites le même calcul pour la Russie et l'Allemagne, et vous comprendrez peut-être enfin la nécessité d'une réforme. L'Europe sait mieux ce qui se passe chez nous que nous-mêmes, car il n'est pas une seule des fautes de nos fonctionnaires, pas un des vices de notre administration qui ne soient étalés au grand jour par ceux-là mêmes qui devraient avoir intérêt à les cacher. Chaque mécontent dresse volontiers son propre acte d'accusation lorsqu'il peut, du même coup, entrainer dans sa chute ceux dont il croit avoir à se plaindre. Cette rage des dissensions intestines sévit surtout à l'heure des grandes calamités : les Français se livraient de furieux combats dans Paris lorsque les Prussiens en occupaient les forts, semblables à ces énergumènes juifs s'entr'égorgeant au moment où Titus assiégeait leur ville et allait l'anéantir pour jamais. Il y a quelque chose de fatal dans cette férocité bestiale, dans cet aveuglement qui poussent à leur perte les peuples dont la dernière heure est venue ; il semble que la nature ait voulu par là assurer l'accomplissement de ses lois et faciliter la tâche de ses exécuteurs. *Quos vult perdere Jupiter, dementat.*

## CHAPITRE VIII.

### Des conditions de stabilité du gouvernement démocratique.

Je ne puis quitter ce sujet avant d'avoir examiné plus particulièrement quelques-unes des questions dont le grand Conseil devra s'occuper. Je tâcherai d'être bref ; néanmoins j'invoquerai souvent l'autorité de Montesquieu à qui il faut toujours recourir quand on traite de politique.

Dans une démocratie, le peuple souverain se gouverne lui-même ou par ses représentants, qui font les lois, nomment le chef du pouvoir exécutif et déterminent les limites dans lesquelles ce pouvoir peut établir des règlements ayant force de loi. Les agents du pouvoir exécutif appliquent les règlements et font respecter la loi, mais ils ne gouvernent pas en réalité, même par délégation, puisque le Président de la République et ses ministres ne gouvernent pas eux-mêmes. Gouverner, en effet, c'est diriger, c'est imposer sa volonté, faire la loi ou la faire faire à son gré. On entendra donc par gouvernement fort, non pas celui qui gouverne arbitrairement, mais qui veille à l'exécution stricte, pleine et entière de la loi, sans retard, sans faiblesse, sans se permettre de l'interpréter, interprétation qui appartient aux tribunaux seuls.

Le principe de la souveraineté du peuple est faussé lorsque les pouvoirs sont confondus ou lorsque l'un empiète sur les attributions des autres. La division des pouvoirs résulte de la nature de la loi : on fait la loi, on la met à exécution, on la commente quand elle présente des lacunes ou des obscurités. De là, trois manifestations différentes du pouvoir souverain, appelées pouvoir législatif, pouvoir exécutif et pouvoir judiciaire. Le pouvoir législatif est une émanation directe de la souveraineté du peuple ; le pouvoir exécutif une émanation du pouvoir législatif, et le pouvoir judiciaire une émanation du pouvoir exécutif. Il émane du pouvoir exécutif qui nomme les juges, il émane cependant aussi du pouvoir législatif qui lui a tracé les règles suivant lesquelles il doit interpréter la loi et les contrats ; enfin, il émane encore de la souveraineté nationale puisqu'il rend la justice au nom du peuple.

Lorsque les conditions fondamentales du Gouvernement démocratique sont méconnues, c'est-à-dire lorsque le peuple ne fait plus la loi ou ne la fait pas faire par ses représentants, ou bien lorsque les trois pouvoirs nécessaires méconnaissant leur rôle se contrarient réciproquement, la liberté et l'égalité sont compromises.

L'homme livré à lui-même, victime de ses passions et de son ignorance, a naturellement l'instinct de la domination ; quand il ne peut pas imposer sa volonté et s'ériger en maître absolu, il s'associe à d'autres ambitieux comme lui et donne naissance à l'oligarchie politique ou religieuse. Enfin, lorsqu'il ne parvient pas à s'imposer, seul ou en compagnie, il attaque le principe de toute autorité, de toute souveraineté, même de la souveraineté du peuple, méconnait la loi et tous les pouvoirs, en désorganise les rouages dans l'espoir d'assouvir plus facilement ses passions au milieu du trouble général.

La vraie monarchie est absolue, puisqu'elle attribue à un seul homme la plénitude de la souveraineté; elle s'est cependant modifiée sous l'empire des événements, et s'allie presque toujours à l'oligarchie dans des conditions extrêmement variées. A force de voir quelques individus ou quelques partis s'élever au pouvoir, l'humanité s'est habituée à considérer ces usurpations comme des nécessités de nature, quand elle ne les considérait pas comme des institutions divines; elle s'est inclinée devant le Roi, les grands et les prêtres comme devant les représentants et les ministres de Dieu lui-même.

On appelle parti un certain nombre d'hommes unis dans le but de créer, de maintenir ou de détruire une organisation politique quelconque; de là, d'ordinaire dans toute nation, trois partis bien tranchés: celui qui proclame que tout pouvoir émane de Dieu, que les hommes sont inégaux et qu'ils ont nécessairement besoin d'un maître, c'est-à-dire les théocrates et les monarchistes; celui qui soutient que tout pouvoir émane de l'homme et de la société, c'est-à-dire les républicains et les démocrates; enfin celui qui repousse toute organisation politique, comme les anarchistes et les nihilistes. Avec les philosophes et la conscience humaine dégagée de l'erreur et des préjugés, nous condamnerons en principe les partis qui ont pour but de maintenir à leur profit, de rétablir ou de se créer une situation privilégiée dans l'État; et ces partis comprennent si bien le vice de leur situation qu'ils s'efforcent de la justifier en s'imposant volontairement ou en feignant de s'imposer certaines obligations spéciales, telles que celles de consacrer leurs forces, leurs richesses, leur intelligence, à la défense, au soulagement et à la moralisation de ceux au-dessus desquels ils se sont placés.

Le représentant de l'autorité la plus absolue que l'esprit humain ait pu concevoir, le Pape, l'infaillible, s'intitule, en effet, le serviteur des serviteurs de Dieu. Le martyrologe de l'humanité est là pour dire comment les prêtres, les grands et les rois ont rempli ces obligations.

Avec des éléments aussi divers, les conditions de stabilité d'un gouvernement varient à l'infini; néanmoins, lorsqu'on les a judicieusement analysés, il devient possible de déterminer les lois de leur groupement, comme l'a fait Montesquieu avec tant de sagacité et de profondeur.

La forme de gouvernement la plus ordinaire, dans tous les temps et sous toutes les latitudes, a certainement été modelée sur la constitution de la famille antique. Au sommet, un chef suprême ayant droit de vie et de mort sur ses sujets, comme le père sur sa femme et ses enfants, seul propriétaire et, par conséquent, seul régisseur des biens de la nation ; puis, au-dessous de lui ou à ses côtés, des auxiliaires chargés d'exercer son autorité généralement incontestée. Cependant, si la royauté est une institution pour ainsi dire universelle, acceptée par les peuples comme une indispensable nécessité, il n'en est pas de même des personnes ou des familles dans lesquelles elle s'incarne.

Dans toute monarchie il existe, avons-nous dit, deux ou trois partis bien distincts, sans parler du peuple dont les préférences se manifestent rarement d'une manière catégorique. Le premier parti, dont nous reconnaissons clairement la présence, est celui des vainqueurs, car le monde est si vieux, et les migrations des races ont été si fréquentes, qu'on ne trouve plus de populations véritablement autochtones sur aucun point du globe. Toujours moins nombreux que les vaincus, ce parti est généralement connu sous le nom de parti aristocratique, étant le plus courageux, le plus uni, par conséquent le plus fort. Le second parti se compose des ministres et sectateurs de l'ancienne religion dominante, dont les vainqueurs ne triomphent jamais complètement, et auxquels ils trouvent plus commode de se rallier. Dépositaire des arts et des sciences dans une certaine mesure, directeur des consciences ou, tout au moins, jouissant d'une grande influence sur l'esprit des femmes, il s'impose par sa supériorité intellectuelle, par le préjugé même de son origine divine et l'ascendant toujours puissant d'un esprit fort sur des esprits faibles et superstitieux.

Enfin, mais surtout dans les démocraties et chez les peuples commerçants, on voit apparaitre un troisième parti composé des individus extraordinairement enrichis par d'heureuses spéculations et qui, à défaut de la crainte inspirée par l'aristocratie militaire ou de l'ascendant intellectuel et religieux exercé par la classe théocratique, achètent les âmes serviles, sèment la corruption et exercent un pouvoir plus ou moins absolu sans paraitre néanmoins s'élever au-dessus de leur condition native.

Le parti prépondérant choisit le Roi dans son sein avec ou sans l'assentiment des autres partis. La stabilité de la dynastie dépend alors de bien des circonstances : plus grande lorsque la monarchie est héréditaire et que la transmission de la couronne est fixée par des règles immuables;

plus grande encore si la famille régnante a été acceptée par les prêtres et la nation et si elle a des aptitudes gouvernementales, des vertus guerrières qui la mettent en état de se défendre, cette stabilité est compromise lorsque la royauté est élective, lorsque le Roi ou la famille royale ont des compétiteurs dans leur propre parti, lorsqu'ils ne sont pas populaires et déplaisent, par conséquent, au parti théocratique dont l'ascendant sur le peuple est toujours puissant.

La ploutocratie n'est pas à craindre dans un gouvernement monarchique absolu, parce que le Roi est le maître de la fortune de ses sujets : on sait ce que Philippe le Bel fit des Templiers, Charles VII de Jacques Cœur, Louis XIV de Fouquet ; elle est moins à craindre dans les gouvernements oligarchiques, parce que les grandes richesses s'y concentrent plus facilement entre les mains des aristocrates dont elles fortifient le pouvoir, comme à Venise et en Angleterre. Dans ce dernier pays, et malgré le nombre sans cesse croissant des électeurs, il faut être très riche pour siéger au Parlement. Les dépenses occasionnées par les élections, laissées entièrement à la charge des candidats, se sont élevées, en effet, en 1874, à la somme de 16,200,000 fr.; en 1880, elles ont été de 45 millions, et en 1885, de 50 millions. On a calculé que chaque voix d'électeur coûtait parfois jusqu'à 120 fr. 40 c. et jamais moins de 55 centimes. Or, le mandat de député étant gratuit, quel intérêt un Anglais peut-il avoir à le briguer, si ce n'est pour maintenir l'oligarchie, qui met entre les mains d'un petit nombre d'hommes les immenses richesses du Royaume-Uni ? Notons encore qu'aux dépenses justifiées il faut ajouter les dépenses inavouables défendues par la loi, et nous comprendrons ce qu'est en réalité cette liberté politique si vantée de nos voisins d'Outre-Manche. Déjà, chez nous, une élection coûte à chaque candidat de 10 à 20,000 fr. Nous irons loin si nous persévérons dans cette voie.

La ploutocratie est seulement dangereuse dans une monarchie parlementaire et dans les démocraties dont elle fausse les principes et sape les fondements; je pourrais le démontrer même par des exemples tirés de l'histoire de la Grèce et de Rome. En France, elle a fait avorter la Révolution de 1830 et donner le trône à Louis-Philippe, malgré tout le parti libéral qui réclamait la République; elle contribua encore à renverser la République de 1848 et à rétablir l'Empire dont les grandes compagnies et les spéculateurs, d'accord avec le clergé, avaient besoin pour recommencer leurs coupables agissements et rétablir leur influence.

La ploutocratie n'a point de principes : pourvu qu'elle puisse échapper à tout contrôle, elle acceptera indifféremment la monarchie, l'empire ou la république, parce qu'elle enlacera de ses chaines dorées le gouvernement, quel qu'il soit.

Dans une monarchie, le Roi est le premier intéressé à la conservation du gouvernement. Il a pour défenseurs naturels le peuple, ennemi de tout changement, nous dirons pourquoi plus loin, les aristocrates et les prêtres, cause et tout à la fois émanation de son autorité. C'est comme un grand édifice entouré d'arcs-boutants, se soutenant mutuellement, et qui ne tiendraient pas debout les uns sans les autres.

Dans une démocratie formée de toutes pièces au milieu

d'une contrée vierge, comme la démocratie américaine, les partis aristocratique et théocratique n'existent pas, puisqu'il n'y a pas de conquérants, mais seulement des premiers occupants, puisque les aborigènes ont disparu et que la liberté absolue de la pensée et des cultes, née de la diversité d'origine des citoyens, constitue un obstacle insurmontable à toute théocratie ; mais il n'en est pas de même de la ploutocratie, dont la formation se trouve particulièrement favorisée par la grande activité du commerce et de l'industrie, par la facilité des vastes entreprises sans règle et sans contrôle. Si la démocratie républicaine est menacée aux États-Unis, c'est par ce parti qui commence à s'affirmer d'une manière effrayante et dont l'action deviendra irrésistible s'il se concentre et devient jamais un vrai parti de gouvernement.

Les démocraties du vieux monde, nées à la suite d'un cataclysme révolutionnaire, sont placées dans de tout autres conditions ; elles ont à se défendre non seulement contre la ploutocratie, mais encore contre les partis aristocratique et théocratique dont les débris subsistent et reprennent de nouvelles forces toutes les fois que la République se trouve aux prises avec une difficulté quelconque. Le parti théocratique, notamment, a la vie plus dure que l'aristocratie, d'abord parce qu'il puise sa force dans la faiblesse humaine et la superstition, ensuite parce qu'il se recrute indistinctement dans la noblesse et le peuple. On n'improvise pas une aristocratie, Napoléon l'a appris à ses dépens, mais il importe peu que l'évêque et le Pape lui-même soient sortis d'un palais ou d'une chaumière : ils sont les oints du Seigneur, cela suffit.

La ploutocratie, incontestablement très dangereuse en France, y est cependant moins redoutable qu'aux États-Unis, parce qu'elle se compose d'individualités cosmopolites, surtout d'israélites, sans attaches solides avec le pays et auxquelles le peuple ne s'abandonnera jamais entièrement. Nous pouvons donc classer, ainsi qu'il suit, et suivant leur force, les partis hostiles à la forme actuelle du Gouvernement : en tête, le cléricalisme, comme l'a si justement vu Gambetta ; en second ordre, la ploutocratie, c'est-à-dire la haute banque, les grands industriels et les spéculateurs, impatients de tout contrôle ; en troisième ordre, les partis aristocratiques ou pseudo-aristocratiques composés des légitimistes, des orléanistes et des bonapartistes ; enfin, au dernier plan, le parti anarchique, instrument ordinaire des autres partis, surtout de la ploutocratie, composé d'une petite armée de déclassés dirigée par des agitateurs sans principes, généralement sans instruction et néanmoins dévorés d'ambition. Il a peu de force par lui-même, mais la réaction s'en sert, toujours avec succès, comme d'un spectre terrible pour effrayer le suffrage universel.

Il semblerait que la République dût avoir, ainsi que la monarchie, des défenseurs naturels intéressés à sa conservation. Elle a, en effet, pour elle tous les républicains sincères et de principes dont le concours ne lui fera jamais défaut ; elle a encore les républicains de raison qui l'acceptent par patriotisme ou par intérêt. Remarquons cependant ceci : les monarchistes forment, en tant qu'ennemis de la République, un corps compact, homogène ; la monarchie supprimée, ils n'auraient plus aucune raison d'être s'ils n'espéraient pouvoir la rétablir un jour ; aussi, à part de rares et honorables exceptions, sont-ils des conspirateurs et des ennemis du Gouvernement. Le parti républicain n'a pu malheureusement attirer à lui, d'une manière définitive, le gros de la nation, parce que la République, étant de date trop récente, on n'est pas encore républicain de naissance et d'éducation comme on est monarchiste ou clérical. Qu'un républicain de raison, qu'un citoyen en dehors des partis aient à se plaindre du Gouvernement à un titre quelconque, ils s'en éloignent aussitôt et vont, dans leur ressentiment égoïste et anti-patriotique, grossir le nombre des mécontents, se rangeant, suivant leur tempérament, leurs attaches anciennes ou les circonstances, dans l'un ou l'autre des camps hostiles. Or, ces désertions, si fréquentes depuis quinze ans, ne se remarquent pas dans les monarchies. Un noble, un prêtre, un grand seigneur mécontents se révoltent quelquefois contre le Roi, jamais contre la monarchie ; s'ils peuvent renverser le Roi, ils lui donnent un successeur de leur choix et à leur dévotion ; cela explique la longue durée de certains empires où les révolutions amènent des changements de monarques, de dynasties, non de gouvernement.

La République n'est pas l'œuvre d'un parti, sans quoi elle ne serait pas durable ; elle est le résultat inévitable du progrès intellectuel, moral et politique ; elle s'impose par la force des choses, elle est tout à la fois la cause et la conséquence de l'effondrement de la royauté et de la théocratie. A la veille des États généraux de 1789, et même pendant la première période de la Révolution, personne, en France, ne se disait et ne se croyait républicain ; le lendemain tout le monde l'était. La République a surgi comme une île au milieu d'une mer bouleversée par une éruption volcanique. Elle est si peu l'œuvre d'un parti qu'elle a été consacrée et organisée en 1871 et en 1875 par ses adversaires les plus résolus, acculés dans une impasse et neutralisés les uns par les autres. Par cela même, elle est exposée à plus d'agitations que la monarchie; aussi doit-elle prendre des précautions particulières auxquelles nos hommes d'État ne semblent pas toujours songer. Il ne lui suffira pas de réduire un parti hostile à l'impuissance, puisque quelques défections ou quelques événements malheureux peuvent rendre momentanément à ce parti une force prépondérante, il lui faudra encore, sous peine de nouvelles réactions, anéantir tous ses ennemis. Elle le peut sans sortir de la légalité, sans violer les principes de justice gravés par la nature dans le cœur de tous les hommes; elle le peut, d'autant plus facilement, que la justice est la base même de la démocratie et que la forme républicaine, dont l'excellence a été proclamée par tous les philosophes, est celle vers laquelle tendent sans cesse les progrès de l'humanité. Je ne suis pas inquiet pour cette forme de gouvernement; elle triomphera un jour dans le monde entier, mais je tremble pour ma nation dont l'existence semble irrémédiablement liée à cette forme; je crains de nouvelles révolutions qui viendraient nous affaiblir, rétrécir encore nos frontières et nous effacer peut-être de la carte de l'Europe. Nos vainqueurs deviendraient républicains, cela n'est pas douteux, mais la France, la grande initiatrice du progrès, pourrait mourir du triomphe de ses idées, éventualité terrible que nous parviendrons à écarter si nous, patriotes et républicains, nous savons faire taire nos futiles dissentiments, éloigner de nos préoccupations tout mobile intéressé, en un mot, mettre la Patrie au-dessus de tout.

Je ne demande rien au parti théocratique : son royaume n'est pas de ce monde ; je ne demande rien non plus au véritable parti aristocratique : élever son pays au-dessus de ses préjugés de caste serait de sa part une sorte de suicide moral, mais je supplie les républicains, et tous ceux que les révolutions effrayent, d'ouvrir enfin les yeux.

Quelques esprits généreux, mais irréfléchis, préconisent une constitution politique grâce à laquelle les partis puissent vivre, côte à côte, sous l'égide des lois. La nation, disent-ils, s'en trouverait considérablement fortifiée, puisqu'elle compterait sur le concours de tous ses enfants, toujours unis lorsque son existence est en jeu. Hélas! un tel état de choses est irréalisable, car il n'y a point de rapprochement, point de transaction possible entre la démocratie et ceux qui n'acceptent ni la souveraineté du peuple, ni la liberté de conscience, ni l'égalité devant la loi. Un prince, un noble, un prêtre, ne se considéreront jamais comme de simples citoyens, parce que leur naissance, leur éducation, leurs préjugés, leur intérêt, leur conscience même, s'y opposent.

Je veux, un instant, les croire animés du plus pur patriotisme ; cependant, quand et comment ce patriotisme se manifeste-t-il ? Est-ce pendant la paix ? Les faits viennent chaque jour nous démontrer le contraire, car la première vertu du patriote, c'est l'amour de la conciliation sur le terrain de la liberté et de l'égalité. Est-ce à l'heure du danger ? En admettant l'oubli momentané des dissensions, en admettant que cléricaux, légitimistes, orléanistes, bonapartistes, anarchistes, républicains soient résolus à opposer leurs poitrines aux baïonnettes ennemies, ils feront nécessairement bande à part et rien au monde n'empêchera les tiraillements inévitables produits par les antipathies de caractère. Mais je dis que cet apaisement des passions politiques viendrait trop tard et ne servirait plus à rien, car la victoire, résultat d'une forte organisation civile et militaire, veut être préparée de longue main. Si le nombre donne la force, c'est à la condition que les unités dont il est composé soient de même nature et parfaitement soudées les unes aux autres. Je n'éprouve donc aucune appréhension en conseillant de tenir systématiquement à l'écart du Gouvernement et de l'administration tous les partis irrémédiablement hostiles à la démocratie, dussions-nous nous priver du concours et des lumières d'un grand nombre de nos compatriotes. Vingt-cinq millions de citoyens unis étroitement et sans arrière-pensée seront infiniment plus forts que trente-six millions d'hommes désunis ou seulement hésitants, car un seul opposant dans l'administration, l'armée ou la magistrature suffit pour paralyser les efforts de plusieurs bonnes volontés, engendrer les défiances et propager le découragement.

Les défaillances de 1870 furent dues incontestablement au sentiment de répulsion inspiré par l'Empire à la grande majorité de la nation ; on allait jusqu'à redouter une victoire qui eût consolidé un régime odieux, et quand les défaites vinrent faire taire les ressentiments du citoyen, connaissant l'incapacité des chefs, la mauvaise organisation de l'armée, sa faiblesse numérique et l'impossibilité d'y remédier dans un très court espace de temps, tous ceux qui n'avaient pas les armes à la main se résignèrent fatalement aux coups du sort.

Les trônes de l'Europe, dit-on, sont ébranlés; cela est bien possible; en attendant, ils s'unissent contre nous et nous tendent des pièges où nous nous jetons parfois en aveugles.

Il faut que la République s'impose bien impérieusement à la France pour que, sans ligne de conduite arrêtée, sans diplomatie sérieuse, sans armée encore très solidement organisée, elle ait pu se maintenir depuis la chute de l'Empire. Elle a pour elle la majorité des citoyens, non que le peuple y tienne plus qu'à toute autre forme de gouvernement, mais parce qu'il redoute les changements, ordinairement suivis d'un surcroit de charges, et d'un remaniement complet dans l'administration, la législation et les traités de commerce. Le peuple, nous l'avons vu, a toujours été en France, bien plus que la noblesse et le clergé, le ferme et fidèle soutien de la monarchie. Lorsqu'enfin, désabusé, il secoua le joug pesant sous lequel il succombait, il s'est rallié immédiatement à la République qui lui offrait quelque sécurité, et ouvrait devant lui une ère nouvelle de réparation et de justice. Depuis que ce gouvernement est le seul possible, le peuple a pris goût aux affaires, mais il n'a pas encore pour la République l'amour instinctif, naïf, inébranlable, qu'il a eu si longtemps pour la royauté; devenu sceptique, il se laisse guider davantage par ce qui lui semble utile et opportun. Les citoyens investis d'une fonction quelconque s'y attachent par intérêt ou par amour-propre; et ceux qu'une opposition irréfléchie a écartés des affaires, s'empressent de se soumettre lorsque les meneurs des partis hostiles ne parviennent pas à leur démontrer l'imminence d'une restauration quelconque. Le peuple, je ne pourrai trop le répéter, n'aura jamais d'opinion politique sérieuse, et flottera toujours d'un parti à l'autre, suivant les circonstances, son intérêt du moment et ses préjugés, tant que son éducation civique ne sera pas faite et qu'on ne l'aura pas soustrait à l'influence du clergé et à la domination de la ploutocratie.

Une politique invariable, suivie avec persévérance, s'impose donc au gouvernement de la République. Puisqu'il paraît à peu près impossible, dans l'état actuel de nos mœurs parlementaires, d'éviter les changements de ministères, faisons au moins de ces changements de simples questions de personnes, empêchons-les d'entraîner des modifications trop profondes dans la marche générale de la politique, et de remettre constamment en question les principes arrêtés, les plans et les projets en cours d'exécution ; d'où la nécessité d'un corps permanent dont la mission consistera à maintenir, par l'ascendant moral de la vérité et de la raison, le Gouvernement dans la voie déterminée.

La nation ne peut pas, sans danger, se passer du concours de ces républicains écartés tous les jours et successivement du pouvoir par suite des compétitions et des attaques passionnées de la tribune et de la presse. La première République aurait-elle succombé si Bonaparte, au 18 brumaire, avait trouvé devant lui Bailly, Rolland, Vergniaud, Condorcet, Danton, Camille Desmoulins, Saint-Just, Robespierre, et cette phalange de patriotes décimée dans les luttes à jamais déplorables de la Convention ? En créant un grand Corps chargé d'élaborer les projets de loi et de tracer les règles de la politique étrangère, nous utiliserons les talents, les aptitudes diverses de nos hommes d'État, nous les empêcherons de passer plus ou moins ouvertement dans l'opposition, et, malgré l'instabilité des ministres, nous arriverons à orienter définitivement notre marche, sans craindre les faux pas et les réactions.

Vous allez faire du grand Conseil, dira-t-on, le refuge de tous les ministres tombés! Soyons sérieux. On peut être un sincère et ferme républicain et néanmoins être incapable de former dans le Parlement une forte majorité ministérielle; on peut posséder et mériter la confiance de toute la France démocratique et succomber devant une coalition ou à la suite d'une question infime: la chute du cabinet présidé par Gambetta le prouve.

D'ailleurs, on est toujours un réactionnaire pour quelques-uns, surtout quand on a quelque mérite; les hommes politiques qui passaient pour des radicaux trop avancés, il y a quelques années, sont flétris journellement aujourd'hui dans certaines réunions publiques, et cependant j'estime qu'un grand Conseil, où ces personnages figureraient en compagnie de M. de Freycinet et de ses collaborateurs, constituerait le plus solide rempart de la République et le guide le plus éclairé de notre politique. Soustrayez ces hommes aux luttes de la tribune et aux polémiques de la presse, où l'amour-propre a souvent plus de part que les principes, mettez-les dans l'impossibilité de briguer le pouvoir, placez-les au-dessus des questions d'intérêt personnel, et vous les verrez bientôt s'unir, dans l'amour pur de la Patrie, pour le triomphe et la plus grande gloire de la démocratie.

## CHAPITRE IX.

### De l'administration intérieure.

La nature et le principe de la démocratie, si judicieusement décrits par Montesquieu, ne peuvent concerner que de petites républiques, il le reconnait lui-même. On ne prévoyait pas, de son temps, parce qu'elles n'avaient jamais existé, des démocraties de quarante et de cinquante millions d'âmes, comme la France et les États-Unis d'Amérique. Sous Auguste, il n'y avait pas plus de cent cinquante mille citoyens romains. A des gouvernements nouveaux il faut des lois nouvelles et un principe nouveau. Pour ces grandes agglomérations d'hommes, un Sénat directeur, des Censeurs des mœurs, ne sont plus possibles ; le peuple y aura bien la souveraineté, mais il ne pourra jamais l'exercer directement ; seulement chaque unité du peuple, chaque citoyen l'exercera également ; ce sera donc en réalité l'égalité dans l'exercice collectif de la souveraineté qui constituera la nature du gouvernement ; la vertu n'en étant plus nécessairement le principe, elle sera remplacée par le respect volontaire ou forcé des lois qui auront établi cette égalité et qui tendront à la maintenir.

Dans une grande république, on peut se passer du ressort de la vertu, pourvu que les lois soient justes et que les citoyens, corrompus eux-mêmes, aient intérêt à les faire respecter. « Ce qui prouve que l'homme est naturellement porté au bien, dit Montesquieu, c'est que les hommes, fripons en détail, sont, en gros, de très honnêtes gens ; ils aiment la morale ; et si je ne traitais pas un sujet si grave, je dirais que cela se voit admirablement bien sur les théâtres : on est sûr de plaire au peuple par les sentiments que la morale avoue, on est sûr de le choquer par ceux qu'elle réprouve. » En admettant, ce qui est impossible, que la majorité des citoyens soit corrompue, leurs représentants feront cependant des lois justes, parce qu'ils auraient tout à craindre s'ils les faisaient autrement.

Pour établir et maintenir l'égalité, le Parlement devra modifier l'impôt de manière à détruire peu à peu ces immenses fortunes particulières qui la compromettent en facilitant la vénalité des fonctionnaires et la partialité des juges, en entretenant les excès de la vanité et l'amour du luxe, en rendant possibles, enfin, les lâches compromis et la trahison. La France est une république démocratique par sa constitution et ses lois civiles, elle est toujours une monarchie par ses préjugés, sa religion et ses mœurs. A la morale monarchique nous devons donc nous efforcer de substituer une morale républicaine ; cependant une transaction, non dans les principes, mais dans les mœurs, me semble indispensable, car on ne passe pas sans danger d'un régime à un autre tout différent. En développant ailleurs les principes de la morale rationnelle, je me suis efforcé de préparer les esprits pour le nouvel ordre de choses et les amener insensiblement, par la modification des mœurs, à cet amour, à ce respect de l'égalité, sans lesquels les démocraties modernes n'auront jamais de profondes racines. Je ne pose pas avec une rigueur absolue les principes nouveaux, je les laisse seulement pressentir; ceux-là qui en comprennent le plus la justesse et la nécessité seraient, en effet, les premiers à les repousser. En morale, la théorie pure est inconciliable avec la faiblesse humaine : on l'a bien vu pour la morale du Christ que ses disciples immédiats n'ont même pas complètement mise en pratique.

— « Le luxe est toujours en proportion avec l'inégalité des fortunes », dit Montesquieu. Si les gens riches seuls menaient un train fastueux, il n'y aurait rien à dire; mais l'exemple est contagieux, surtout dans une république, où les classes moyennes et même les pauvres s'efforcent de rivaliser avec les riches; là est le mal. Il faut donc mettre les premiers dans l'impossibilité de soutenir de grandes dépenses pour enlever aux autres la tentation de les imiter. L'opinion que le luxe favorise le commerce dans une monarchie est vraie : elle est pernicieuse dans une république. Cette opinion est généralement répandue en France, preuve que si notre Gouvernement est démocratique, nos mœurs ne le sont pas.

— Un peuple riche sera toujours plus facile à vaincre qu'un peuple pauvre, surtout si ce dernier n'est pas trop inférieur à son adversaire au point de vue de l'armement. Les citoyens habitués au bien-être, divisés par suite de l'inégalité des fortunes, amollis dans les douceurs de la paix ou aigris dans les transes de la misère, ne sont plus propres à la lutte; ils redoutent les privations, tremblent pour leurs biens ou se soucient peu de perdre la vie pour sauver ceux des autres, et se laissent aller sans peine aux plus coupables résolutions. Je serais presque tenté de souhaiter la ruine de mes compatriotes, car si l'argent sort du pays par une porte, le courage et l'honneur y rentreront par une autre. La France était pauvre quand elle a vaincu l'Europe ; nos régiments marchaient à l'ennemi, pieds nus ou en sabots ; elle était riche quand elle a été écrasée par l'Allemagne.

Lorsque les officiers ont besoin de plusieurs ordonnances et se mettent en campagne avec un attirail de luxe, lorsque les soldats murmurent contre l'ordinaire ou la discipline, lorsqu'il faut sans cesse augmenter la solde pour retenir les sous-officiers sous les drapeaux, on peut prédire à coup sûr leur défaite. Frédéric II, après avoir vaincu le maréchal de Soubise, trouva dans son bagage une quantité considérable d'eau de lavande.

— La nature du gouvernement représentatif et démocratique est faussée lorsque les Députés et les Sénateurs, chargés seulement de faire la loi, s'immiscent dans les attributions du pouvoir exécutif, ce qui a malheureusement lieu en France. Nul ne parvient aujourd'hui à un emploi administratif, judiciaire ou militaire, s'il n'est protégé par quelque membre du Parlement. Les conséquences de cet abus sont très graves : l'employé, le magistrat, l'officier, deviennent les clients de celui qui les protège ; ils sont à sa dévotion dans l'exercice de leurs fonctions ; ils ont moins de respect pour leurs chefs hiérarchiques, qu'ils cessent de craindre du moment où leur propre avancement n'en dépend plus ; ils sont divisés comme les membres du Parlement eux-mêmes et apportent leurs divisions dans l'administration ; ils demandent sans cesse de l'avancement ou une augmentation de traitement ; et les protecteurs, pour ne point perdre leur influence, s'efforcent de les leur faire obtenir au grand détriment des fidèles et désintéressés serviteurs, surtout de nos finances.

D'un autre côté, les ministres, toujours battus en brèche et tremblant pour leur situation, s'empressent de faire droit aux solliciteurs; il en résulte un entraînement général qui nous amènera à avoir plus d'administrateurs que d'administrés, plus de percepteurs que de contribuables, plus de juges que de justiciables, plus d'officiers que de soldats. Cela se voit déjà dans certains gouvernements de l'Amérique espagnole.

— La grande maladie morale de notre démocratie, et sans doute de toute démocratie, celle qui entrave la bonne gestion des affaires et le relèvement de la Patrie, c'est la maladie du dénigrement. On ne cherche plus à se faire valoir par des services rendus au pays ou des découvertes dans les sciences et les arts, on trouve plus commode d'attirer l'attention publique en s'attaquant aux personnages en vue que l'on s'efforce de rabaisser par tous les moyens possibles. C'est un des fruits les plus détestables de la liberté illimitée de la parole et de la presse. Ce vice de l'esprit public aura pour résultat, si l'on n'y met bon ordre, d'écarter du Gouvernement et des affaires les hommes de valeur et d'élever au pouvoir des médiocrités ambitieuses qui s'y livreront à des expériences irréfléchies, inévitablement désastreuses, et qui feront de l'instabilité gouvernementale l'essence même de notre politique. Déjà les plus célèbres de ces inexorables censeurs pressentant, malgré leur infatuation, l'impossibilité où ils se trouveraient de garder longtemps le pouvoir, se dérobent obstinément aux conséquences de leurs succès de tribune, mais il leur serait agréable d'exercer, dans l'ombre, toutes les prérogatives du Gouvernement sans en avoir la responsabilité, et de faire des ministres de véritables automates dont ils régleraient les ressorts et qu'ils briseraient à leur fantaisie. Il est difficile à un ministère, désireux de se maintenir dans d'aussi fâcheuses conditions et en présence de semblables adversaires, de ne pas leur faire quelques concessions imprudentes. De concessions en concessions, on arrive à fausser tous les principes, et la grande science politique devient bientôt l'art méprisable des compromis.

— On a agité tout récemment la question de savoir à qui, du Conseil des ministres ou du Parlement, incombe le devoir de formuler un programme de gouvernement. Évidemment, c'est au Conseil des ministres, car les Députés sont trop nombreux pour tomber rapidement d'accord sur tous les points de la politique courante. Leur mission consiste à faire ou à réformer la loi et à se prononcer sur toutes les questions qui leur sont soumises par le Conseil des ministres, c'est-à-dire par le pouvoir exécutif; ce qui n'enlève pas, bien entendu, aux Représentants du peuple toute initiative personnelle. Le système de la Convention était excellent dans ce moment de crise suprême où la nation, environnée d'ennemis à l'intérieur et à l'extérieur, devait concentrer tous les pouvoirs entre les mains de ses élus; mais aujourd'hui qu'il ne s'agit plus de remettre en question les principes et la nature du Gouvernement, il faut nécessairement revenir à cette division des pouvoirs dont l'excellence a été proclamée et reconnue par tous les hommes sérieux et par la pratique elle-même. Si vous déniez au Gouvernement le droit d'élaborer et de présenter aux Chambres un programme politique, il faut remplacer le Président de la République et les ministres par des commis, encore serez-vous amenés par la force des choses à tolérer dans le sein du Parlement des représentants qui s'attribueront leur rôle. Au lieu de fonctionnaires responsables, vous aurez des meneurs occultes, agissant avec d'autant plus d'audace ou de légèreté qu'ils n'auront à rendre compte à personne de leur conduite. On verra alors renaître les luttes intestines et fatales de la Convention ; et les directeurs de l'opinion parlementaire, accusés, flétris, condamnés, tomberont les uns après les autres sous les coups de leurs collègues ; ou bien, triomphant de tous les obstacles, ils élèveront leur dictature sur les ruines de la liberté. Avec le système actuel, le Parlement peut, en définitive, gouverner ou faire gouverner le pays comme celui-ci le désire, puisqu'il fait, défait les ministres, et indique, par ses discussions et ses votes, la voie qu'il entend suivre.

— Dans une petite république, les citoyens peuvent jouir d'une plus grande liberté, c'est-à-dire faire eux-mêmes la loi, juger les procès et les criminels, déclarer la guerre, conclure des alliances ; mais, d'un autre côté, ils sont plus exposés à tomber dans l'esclavage, car un ambitieux habile surprend facilement leur confiance ou modifie leurs sentiments. Si Lucrèce, déshonorée par Tarquin, ne s'était pas tuée devant son mari, son père et Brutus, si son cadavre n'avait pas été exposé à la vue du peuple, les rois n'auraient pas été chassés de Rome. Si Antoine n'avait pas traîné dans le forum la robe ensanglantée de César, la république n'eût pas été détruite par les triumvirs. Il se fait des courants d'opinion dans les grandes agglomérations d'hommes ; au moins le sentiment n'a guère de prise sur elles et nulle mise en scène, si grandiose soit-elle, ne peut produire d'effet sur tout un peuple disséminé dans trente-six mille communes. Depuis que la monarchie n'existe plus, Paris n'est plus la France ; et depuis que Paris n'est plus la France, une révolution des faubourgs ne peut plus modifier la forme du gouvernement. Plus la République aura d'étendue, plus sa constitution sera stable si elle est soutenue par les mœurs. Les coups d'État deviendront seulement possibles lorsque l'administration et l'armée seront entre les mains des corrompus ; les plébiscites qui les consacreraient seraient, comme au Deux-Décembre, d'infimes comédies dont personne ne serait dupe. C'est donc une faute de laisser au Président de la République la faculté de parcourir les provinces, en grand appareil ; cependant il sera bon d'obliger les ministres à voyager pour s'enquérir des besoins de la nation, selon leurs départements respectifs, parce que les ministres sont des êtres impersonnels pour ainsi dire, et facilement révocables.

— Lorsque la lutte existe seulement entre républicains de nuances différentes, le Président de la République, les ministres et les fonctionnaires doivent garder une neutralité complète pendant la période électorale, s'ils ne veulent pas violenter la souveraineté du peuple. Mais lorsque les partis monarchiques ou anarchiques relèvent la tête, lorsque la forme du gouvernement est remise en question, ouvertement ou sous le couvert d'une coalition soi-disant conservatrice, les chefs et agents du pouvoir manqueraient à tous leurs devoirs et trahiraient leurs mandats s'ils n'intervenaient pas avec énergie pour éclairer le peuple et l'empêcher de tomber dans les pièges tendus si perfidement sous ses pas. Tout gouvernement qui s'oublie, ou, ce qui revient au même, qui s'abstient dans une crise grave, est un gouvernement perdu. Les élections législatives du 4 octobre 1885 en sont la preuve. Quelle confiance le pays peut-il avoir dans une république qu'une surprise électorale peut détruire? Que pensera-t-il lorsqu'il verra les magistrats chargés de faire respecter les lois, se draper dans une sorte d'indifférence superbe, se désintéresser de la chose publique et laisser le champ libre à tous les ennemis de la liberté et des principes sur lesquels repose la société moderne?

Un peuple, las d'un gouvernement, sait bien manifester son mécontentement par des signes non équivoques, et toute la pression administrative possible, toutes les candidatures officielles ne l'empêcheront pas de s'en débarrasser. Mais lorsque ces signes n'apparaissent pas, lorsque les partisans des gouvernements déchus s'unissent seuls pour faire une opposition acharnée à l'ordre de choses établi dans le but de le renverser, il faut, par tous les moyens honnêtes, maintenir la lutte électorale sur le terrain légal et constitutionnel.

— Règle générale : dans une république démocratique surtout, quand le pouvoir s'oublie, le clergé s'agite. Il est l'agent occulte qui rassemble momentanément dans une monstrueuse coalition les fidèles de la monarchie et les partisans de l'appel au peuple ; il est le ciment des unions, dites conservatrices par antiphrase, à l'aide desquelles il espère toujours rétablir le gouvernement de son choix, c'est-à-dire le gouvernement théocratique.

Le gouvernement théocratique est une forme étroite de l'oligarchie; on l'a appelé en France le gouvernement des curés ; il se tranformerait en gouvernement absolu là où le Pape infaillible viendrait à régner. Il est donc incompatible avec les principes et les lois de la démocratie. Cependant il existe de fait dans toute royauté ou tout empire qui le prend, sinon pour base, du moins pour étai de sa constitution. Les gouvernements de Louis XIV, à partir de la révocation de l'Édit de Nantes, de Louis XV, de Louis XVIII, de Charles X et de Napoléon III étaient des gouvernements théocratiques avec un chef laïque. L'influence de ce gouvernement occulte se fait encore sentir dans la République et s'y fera sentir tant que nous donnerons aux ministres de la religion une consécration officielle, tant que nous fournirons aux besoins du culte et à l'entretien des prêtres.

Avant la Révolution, le gouvernement chrétien-catholique et presque théocratique était tempéré seulement par les sentiments particuliers du prince ou par les opinions doctrinales du clergé national, souvent en désaccord avec le pontife de Rome ; aujourd'hui, la liberté des cultes est proclamée ; cependant l'Église française, devenue ultramontaine, maintient sa prépondérance, grâce au budget qui la relie à l'État et à l'influence qu'elle exerce sur les esprits. Lorsque le prêtre vivra de l'autel, il pourra sans doute conserver une partie de son influence spirituelle, mais on cessera de le considérer comme un fonctionnaire public, comme une puissance, et nous n'aurons plus autant à craindre son immixtion dans la direction des affaires politiques. Il perdra les trois quarts de sa force et de son prestige quand il viendra réclamer aux fidèles le prix de son assistance.

Le catholicisme actuel, si différent du christianisme des premiers siècles, est incompatible avec les principes de la démocratie et les aspirations nouvelles de l'humanité. Le prêtre se dit fonctionnaire public lorsqu'il réclame ses appointements et la protection de l'État; il repousse cette qualité quand il attaque le Gouvernement qui le paie et le protège. S'interdire le droit de nommer et de destituer les évêques, les curés et les desservants, laisser agir ces fonctionnaires ecclésiastiques alors que les fonctionnaires laïques s'abstiennent, c'est faire de la pression électorale au profit des ennemis du Gouvernement et des institutions démocratiques de la France. Attendra-t-on un nouveau coup d'État pour se convaincre de cette vérité?

La hiérarchie ecclésiastique, qui n'existait pas dans les premiers siècles de l'Église, s'est formée sur le modèle de la hiérarchie impériale et a donné lieu non seulement à la corruption du dogme, mais encore à tous les abus qui ont discrédité depuis longtemps le catholicisme. Le mariage a été interdit aux prêtres, les curés et les évêques n'ont plus été nommés à l'élection par les fidèles, le bas clergé a été opprimé, les évêques eux-mêmes ont été sacrifiés aux princes de l'Église, et tous ont dû finalement courber la tête sous l'infaillible autorité du Pape, pontife et roi. C'est donc une grave imprudence de conserver, dans une république démocratique, un corps de fonctionnaires organisé suivant une hiérarchie impériale; c'est encore une plus grande imprudence de donner la consécration officielle à ce corps dont le maître omnipotent est et sera toujours un étranger.

— La Révolution a proclamé l'égalité des Français devant la loi, elle a aboli la noblesse avec tous les privilèges dont elle jouissait. On n'a pas rétabli les privilèges, mais on fit revivre les titres auxquels ils étaient attachés ; cela suffit pour donner aux nobles de la monarchie et de l'Empire, aux nobles authentiques et aux pseudo-nobles, l'espoir de reconquérir leurs anciennes prérogatives. C'est donc encore une grave imprudence de conserver dans une république démocratique les signes extérieurs de l'inégalité des hommes ; c'est vouloir, de gaieté de cœur, perpétuer dans la nation un noyau d'opposants qui ne se rallieront jamais aux principes républicains et auxquels le clergé catholique viendra toujours se joindre.

— Dans son remarquable discours sur l'expulsion des princes, M. Madier de Montjau s'est écrié : « Le premier devoir des gardiens du salut de la République, des hommes chargés de la protéger est d'être, je ne dis pas seulement défiants autant qu'il le faut, mais défiants plus qu'il ne le faudrait ». Rien de plus sensé. Nous devons donc écarter avec soin de notre législation, de notre constitution politique et économique, tout ce qui est contraire à la démocratie, tout ce qui tend à perpétuer l'inégalité des citoyens et s'oppose à une juste répartition de la richesse sociale. Parmi les institutions antidémocratiques nous signalerons particulièrement les grandes compagnies financières et industrielles. Elles reposent sur un principe économique absolument faux, à savoir que leur mise en actions fait participer le public, dans la plus large mesure, aux bénéfices considérables réalisés par elles. Elles reposent sur un autre principe non moins faux, suivant lequel elles seraient dirigées à bien moins de frais par des sociétés privées que par l'État.

Sur le premier point, voyons ce qui se passe trop souvent. Dès qu'une grande société est fondée, avec ou sans la participation de l'État, dès que ses actions sont cotées à la Bourse, une hausse considérable se produit qui en double ou en triple immédiatement la valeur. A peine toutes les actions sont-elles écoulées à un prix exagéré, à peine les directeurs, administrateurs et, qu'on me passe l'expression, les lanceurs de l'affaire ont-ils réalisé d'énormes bénéfices, que ces actions baissent plus rapidement encore qu'elles n'avaient monté. Elles sont rachetées à vil prix par les gros capitalistes qui se trouvent ainsi seuls possesseurs du fonds social et des bénéfices réalisés au moment des premières émissions. Je pourrais citer maints exemples de ces scandaleux abus de confiance qui ne tombent malheureusement pas sous le coup des lois pénales. Lors même que ces entreprises se soutiennent, le plus clair des bénéfices est partagé entre les directeurs au détriment des petits actionnaires, qui doivent se contenter d'un intérêt souvent dérisoire.

Sur le second point, je dis qu'il y aurait avantage à mettre les grandes compagnies financières et industrielles entre les mains de l'État ou des syndicats ouvriers bien organisés. En effet, l'exploitation des chemins de fer, des mines et la gestion des maisons de crédit, intéressant avant tout la nation, ne doivent pas nécessairement produire des bénéfices ; il suffit que les marchandises et les voyageurs soient transportés sûrement, rapidement et économiquement ; que les richesses du sol soient extraites et utilisées, que le commerçant, l'industriel, l'ouvrier, le cultivateur puissent se procurer facilement les fonds dont ils ont besoin, pour que le but de ces grandes entreprises soit pleinement atteint. Qu'importe donc si l'exploitation par l'État ou les syndicats d'ouvriers produisent peu ou même ne produisent pas de bénéfices : est-ce qu'en tous cas les employés ne seront pas mieux payés? Est-ce que les ouvriers, enfouis jour et nuit dans les galeries souterraines, ne retireront pas de leurs peines un salaire plus rémunérateur? Est-ce qu'on les traitera toujours comme des bêtes de somme? Est-ce qu'on les laissera succomber sous un labeur excessif pour diminuer les frais généraux? Est-ce qu'un petit nombre de privilégiés, enfin, s'enrichiront encore au détriment des travailleurs et du public? En réalité, si l'exploitation est rationnellement dirigée, les bénéfices seront toujours les mêmes, mais ils se répartiront d'une manière plus équitable.

Pour exploiter leur industrie à meilleur marché que l'État, les compagnies sont contraintes d'abuser des forces de leurs ouvriers en employant dix hommes là où il en faudrait quinze, et de mettre au service du public un matériel défectueux dont on se plaint vainement. Grâce au monopole dont elles jouissent, les compagnies prélèvent les gros appointements de leurs administrateurs sur les souffrances des employés et sur les contributions forcées imposées au public. Leurs théories économiques sont, non seulement fausses, mais encore incontestablement antidémocratiques, car elles considèrent le salaire payé à leur personnel, non comme un acompte anticipé sur les bénéfices réalisables, mais comme le prix du travail ou du service rendu. Elles s'efforcent de défendre ce principe de Turgot, parce que leur charité ne va pas au delà : « En tout genre de travail, il doit arriver et il arrive, en effet, que le salaire de l'ouvrier se borne à ce qui doit lui assurer sa subsistance ». Ainsi, elles accordent à l'ouvrier le droit de ne pas mourir de faim en travaillant, mais lui refusent la faculté de l'épargne qui le conduirait à la propriété et à l'aisance.

Les compagnies sont un danger pour la liberté. En effet, elles exercent une pression irrésistible, la pression de la faim, sur leur immense personnel, et le font voter suivant leur intérêt et celui de leurs commanditaires ; enfin, elles agissent sur un grand nombre de Sénateurs, de Députés et de fonctionnaires en les intéressant de cent façons, plus ou moins déguisées, au maintien de leurs privilèges.

Par conséquent, enrichissement de quelques-uns au détriment de l'ouvrier et du public, pression électorale et altération du suffrage universel, corruption du régime représentatif, tels sont les résultats indéniables du système des grandes compagnies. Il faut donc faire pour les chemins de fer, les mines et les grandes institutions de crédit ce qu'on a fait pour les postes et les télégraphes.

N'oublions pas que rien ne favorise plus l'extension de la ploutocratie que l'état de choses actuel, et n'allons pas, nous qui avons détruit l'aristocratie de naissance au prix de tant de larmes et de sang, rétablir, par une aveugle inconséquence, une aristocratie d'argent qui a tous les vices de la première, sans avoir aucune de ses qualités.

— J'aurais bien encore à signaler l'abus des décorations et cette contradiction qui semble exister entre notre amour pour l'égalité et la recherche que nous faisons de tout ce qui peut nous distinguer de la foule autrement que par nos mérites, mais il est des énigmes indéchiffrables. « Lorsqu'un seigneur mittou, dit un voyageur qui a visité le centre de l'Afrique, décoré de ses chaines et de ses carcans de fer, passe, tout fumant d'huile et de graisse, à côté de la plèbe, il n'est pas moins bien rempli de son importance que le diplomate européen, chamarré d'ordres qui, aussi bouffi que raide, traverse nos salons sans desserrer les lèvres. »

La vanité et l'amour des distinctions existent en France à ce point que beaucoup de gens donneraient la moitié de leur fortune pour avoir le droit de mettre une particule devant leur nom ou un ruban à leur boutonnière. Un impôt progressif sur les titres nobiliaires et les décorations civiles, si on ne veut pas les supprimer, serait une mine inépuisable pour le Trésor. Il serait plus juste, d'ailleurs, plus démocratique, plus humain, d'imposer la vanité que le pain.

— Une des anomalies choquantes de notre organisation, c'est l'inégalité inexplicable des traitements alloués aux fonctionnaires de tout ordre. Le traitement doit être proportionné aux services rendus, à la cherté des logements et de la vie, surtout aux connaissances requises pour la bonne gestion des affaires. Un ingénieur, un magistrat, dont les études préliminaires ont été longues et coûteuses, devraient être plus payés qu'un fonctionnaire auquel une instruction primaire suffit amplement. Eh bien, c'est parfois le contraire qui a lieu. On donne six mille francs en moyenne, par année, à un percepteur des contributions, de quinze à vingt mille francs à un receveur des finances, lorsqu'un président de tribunal, investi de la plus haute, de la plus délicate et de la plus respectable des fonctions d'un arrondissement, reçoit cinq ou sept mille francs ! On donne de cinquante à deux cent mille francs à un trésorier-payeur général, fonctionnaire inutile, comme les receveurs particuliers, tout le monde le sait, lorsque le premier président d'une Cour d'appel reçoit dix-huit mille francs ! Les comptables des deniers publics, si l'on excepte les receveurs de l'enregistrement, sont payés le double, le triple des autres fonctionnaires, et cependant, on ne saurait trop le répéter, il suffit de la connaissance des quatre règles de l'arithmétique pour gérer leur emploi d'une façon irréprochable. Ce n'est pas leur seul avantage : d'ordinaire, point de stage pour eux, point de limite d'âge pour entrer en fonction ni pour en sortir ; ils sont nommés au choix et doivent tout à la faveur. Vainement alléguera-t-on leur responsabilité ; est-ce qu'un juge qui dispose de la fortune, de la liberté, de la vie, de l'honneur des citoyens, n'a pas une responsabilité bien autrement effrayante ? Mettez-vous l'argent au-dessus de l'honneur ? Mais avec les deux versements exigés des percepteurs par mois, leur responsabilité pécuniaire est moins grande qu'on ne veut bien le dire ; en tous cas, demandez-leur un plus fort cautionnement et ne les nommez pas à la légère. Évidemment notre organisation financière, dont la comptabilité est admirable, je me plais à le dire, suit, au point de vue du personnel et de ses émoluments, les errements du passé : les traitants, les fermiers généraux, ne sont pas morts ; il est temps de faire rentrer dans le rang démocratique ces coûteux personnages.

— Je voudrais dire quelques mots des sinécures dans l'administration de la guerre et de la marine; malheureusement, j'entends les fontionnaires, sortant furieux de leur fromage, s'écrier en chœur : Halte-là, ne touchez pas à l'armée! Je respecterai donc cette arche sacro-sainte en émettant timidement l'avis qu'il serait peut-être opportun, équitable, économique, d'y faire quelques réformes.

— On parle sans cesse d'économie et l'on continue à gaspiller l'argent des contribuables en rétribuant grassement des inspecteurs de théâtres, de maîtrises, de musées, de bibliothèques, fonctionnaires inutiles; on vote de grosses subventions aux théâtres dits nationaux qui font de mauvaises affaires lorsque les autres encaissent de fructueuses recettes, et l'on n'a pas honte de donner trente et quarante mille francs de traitement, presque autant qu'aux ministres, aux directeurs de ces théâtres dont la fonction semble être d'entretenir de perpétuels conflits avec leurs pensionnaires! Si encore l'avenir de l'art était en jeu; mais non, l'art vit de liberté, d'enthousiasme : Shakespeare, Molière, n'étaient pas subventionnés, Corneille et Mozart touchaient quelques écus de droits d'auteur pour *le Cid* et *Don Juan!* Nous nous plaignons des envahissements du cabotinage et nous l'encourageons par tous les moyens possibles. Permettez donc aux artistes de se tirer d'affaire tout seuls; ne leur laissez pas croire que la France entière est attentive à leurs faits et gestes, qu'ils sont la pierre angulaire de l'État, et ne corrompez pas les arts sous prétexte de les favoriser.

— Connaissez-vous quelque chose de plus antidémocratique que la concession des bureaux de tabacs? On en donne, et avec quelle peine, qui rapportent deux ou trois cents francs à la veuve d'un bas officier dont les os sont restés en Prusse, en Afrique ou au Tonkin ; ceux qui rapportent cinq, dix et quinze mille francs sont octroyés avec empressement aux veuves de généraux et de hauts fonctionnaires pourvues déjà d'une pension de retraite importante ! N'est-ce pas le cas de répéter, en le modifiant, ce mot de Brutus : Justice, tu n'es qu'un nom !

Je m'arrête : si je voulais parler de tous les abus criants, ce chapitre ne finirait jamais.

## CHAPITRE X.

### De la Justice.

L'ordre social, la sécurité des citoyens, la liberté et la prospérité d'une nation dépendent avant tout de son organisation judiciaire ; aussi les divers gouvernements qui se sont succédé en France après la Révolution de 1789 avaient-ils compris la nécessité de mettre cette organisation en harmonie avec les principes nouveaux. La loi des 16-24 août 1790 décréta que la justice serait rendue au nom du roi ; elle abolit la vénalité et l'hérédité des offices de judicature, proclama l'égalité de tous les Français devant la loi, établit la gratuité de la justice et deux degrés de juridiction, obligea les juges à motiver leurs décisions et prononça la séparation du pouvoir administratif du pouvoir judiciaire.

L'égalité, fondement de la démocratie, nécessitait l'abolition de toutes les juridictions spéciales et l'institution d'un tribunal unique. Cependant les juges n'étant pas infaillibles, il fallait laisser aux parties, mécontentes d'une première décision, la faculté de se représenter devant un autre tribunal investi du pouvoir de reviser, c'est-à-dire de confirmer ou de modifier la sentence du premier juge. Au début de la nouvelle organisation, les tribunaux se contrôlaient réciproquement et jugeaient tour à tour en premier ressort et en appel; mais on a bientôt compris que les juges d'appel devaient offrir plus de garantie que les juges de première instance par leur nombre, leur expérience, leur savoir, et l'on a créé les Cours actuelles. D'ailleurs, dès l'instant où les juges, cessant d'être nommés à l'élection, devenaient des fonctionnaires et formaient une véritable hiérarchie, il était indispensable de donner aux magistrats des Cours une situation supérieure et mieux rétribuée, en raison même de leurs talents et des services rendus.

Pour diminuer les chances d'erreur et se rapprocher de la perfection, il eût été peut-être utile d'établir un troisième et même un quatrième degré de juridiction; mais on eût couru le danger d'éterniser les procès, d'augmenter considérablement les frais et de causer aux plaideurs un préjudice souvent plus grand que celui qui peut résulter d'une erreur judiciaire.

La réforme, on le voit, fut sérieuse; malheureusement l'influence séculaire du droit romain, du droit canonique, du droit féodal et coutumier, et surtout des formes compliquées de la procédure ancienne, sans parler de la réaction produite par la constitution impériale, n'ont pas permis aux législateurs de cette époque de rompre avec les errements du passé et de démocratiser la justice. Le grand nombre des tribunaux, les obstacles qui en rendent l'accès si difficile, lui enlèvent encore aujourd'hui les caractères essentiels qui devraient la distinguer, c'est-à-dire l'unité de juridiction et la simplicité de procédure, sans lesquelles les différends ne pourront jamais être terminés rapidement et économiquement.

En effet, et en laissant de côté les tribunaux spéciaux, conseils de prud'hommes, tribunaux de commerce, etc., presque tous les litiges sont soumis à deux degrés de juridiction. En matière civile, lorsque leur importance varie entre cent et deux cents francs, ils sont jugés par le tribunal de paix en premier ressort, par le tribunal d'arrondissement en appel ; ou bien, lorsque l'importance du procès dépasse quinze cents francs, par le tribunal d'arrondissement en premier ressort, et par la Cour en appel.

En matière pénale, les contraventions, c'est-à-dire les infractions à la loi passibles d'une amende au-dessus de cinq francs mais au-dessous de seize, et d'un emprisonnement au-dessous de six jours, sont soumises au tribunal de simple police en premier ressort, au tribunal correctionnel en appel.

Les délits proprement dits sont déférés au tribunal correctionnel en premier ressort, à la Cour en appel.

Les crimes sont jugés en dernier ressort par la Cour d'assises, à moins qu'on ne considère la chambre des mises en accusation comme un premier degré de juridiction, ce qui est bien difficile, puisqu'elle rend ses arrêts sans entendre l'inculpé ni personne pour lui.

Le juge de paix prononce sans appel sur les différends dont l'importance est inférieure à cent francs, et, lorsqu'il est juge de police, sur les contraventions n'entraînant qu'une amende de cinq francs au maximum. Enfin, les tribunaux d'arrondissement prononcent en dernier ressort sur les litiges dont l'importance, supérieure à deux cents francs, est inférieure à quinze cents. Ce pouvoir de juger sans appel constitue une exception regrettable à l'un des principes fondamentaux de notre droit; dans tous les cas, en effet, où la loi n'a pas formellement attribué à une juridiction le pouvoir de juger en dernier ressort, la faculté d'appel subsiste à l'égard de ses décisions. Il résulte de cette exception la singulière conséquence que les affaires d'une importance de deux cents à quinze cents francs sont jugées sans appel par le tribunal, alors que celles de cent à deux cents francs peuvent être soumises à deux degrés de juridiction, devant le juge de paix d'abord, devant le tribunal ensuite.

Mais pourquoi cette double juridiction parallèle : justice de paix et tribunal, tribunal et Cour d'appel? Elle est évidemment le résultat des remaniements successifs que nous avons fait subir à notre organisation judiciaire, dont la conception première était très simple, et non celui d'un plan raisonné.

Dans l'origine, les juges de paix devaient être avant tout des conciliateurs, leur nom l'indique; ils ne pouvaient se prononcer que sur de très minimes et très urgentes affaires, et encore avec l'aide de deux assesseurs. En 1838, leur compétence, bien qu'ils demeurassent des juges d'exception, fut sérieusement augmentée et l'on parle aujourd'hui de l'augmenter plus sérieusement encore, car la logique des faits, l'instinct démocratique, désignent le tribunal cantonal comme la base essentielle de notre organisation judiciaire. Néanmoins, cette manière de procéder est vicieuse; on va, par là, augmenter le trouble déjà si grand causé dans cette organisation par les modifications qu'elle a subies, puisque, en fait et en droit, le tribunal d'arrondissement a cessé d'être depuis longtemps, je devrais dire dès le premier jour, le tribunal de première instance; de plus, on diminuera nécessairement le nombre des procès soumis actuellement à ce tribunal et l'on rendra les charges d'avoués et de greffiers improductives. Elle est vicieuse pour d'autres raisons encore, d'un ordre plus élevé. En effet, l'indépendance du pouvoir judiciaire étant la condition essentielle de la liberté, toute extension de la compétence des juges de paix deviendra un danger public, tant qu'on ne conférera pas l'inamovibilité à ces magistrats, puisqu'ils dépendent absolument du pouvoir exécutif et forment ainsi, avec les Conseils de préfecture, considérés comme tribunaux administratifs, une exception au grand principe de la séparation des pouvoirs.

Notre législation et notre organisation judiciaire ressemblent déjà à un vieil édifice, solide encore par sa masse, mais d'un accès difficile, d'un entretien dispendieux et mal distribué, parce qu'on en a trop souvent manié et remanié les parties intérieures. Il faut le démolir, et, avec les matériaux, qui sont excellents, en reconstruire un autre sur un plan véritablement démocratique et mieux approprié aux besoins de la société moderne. Je propose donc de soumettre, comme je l'ai déjà fait pour les litiges administratifs, toutes les affaires, quelle que soit leur importance, à deux degrés uniques de juridiction : aux juges cantonaux en premier ressort, aux tribunaux d'arrondissement en appel, avec la Cour de cassation pour régulateur suprême. Le justiciable y trouverait économie de temps et d'argent, le personnel judiciaire serait réduit, mais affranchi et moralement relevé, le budget allégé, les libertés publiques affermies.

La nécessité de modifier la procédure n'est plus à démontrer. Celui qui n'a jamais eu à soutenir un procès sérieux ne se doute pas des lenteurs obligatoires, des inextricables formalités imposées par le Code de procédure, vestige des temps barbares. S'il tient à s'édifier à ce sujet, je l'engage à lire simplement dans ce Code les chapitres qui traitent des délibérés et instructions par écrit, de la vérification des écritures et du faux incident civil; cette lecture lui en apprendra plus que les critiques les plus approfondies.

Pour les litiges d'une importance inférieure à deux cents francs, rien ne sera changé à la procédure actuellement suivie devant les justices de paix, procédure aussi simple, aussi expéditive que possible. Les litiges plus importants seront jugés comme en matière commerciale sans le concours obligatoire des hommes de loi, excepté dans certains cas dont nous parlerons plus loin. Enfin aucune des affaires soumises au juge cantonal ne sera exemptée, excepté dans les cas prévus par le Code de procédure, du préliminaire de conciliation sur simple avertissement, avec une sanction pénale contre la partie qui ne s'y soumettra pas.

Que réclame depuis longtemps l'opinion publique? N'est-ce pas une justice rapide, moins dispendieuse? Or, point de rapidité possible si l'on ne simplifie les juridictions, si l'on n'abrège les délais; point d'économie sérieuse non plus si l'on ne ramène les formes de la procédure au strict nécessaire et si l'on n'écarte pas surtout les intermédiaires obligatoires, inutiles, quand ils ne sont pas dangereux. Les parties auront donc la faculté de se présenter elles-mêmes devant le juge, de poser leurs conclusions, de les discuter, ou de se faire représenter par un agréé ou un avocat. Cependant, dans toutes les affaires dont la communication au ministère public est exigée, l'assistance d'un homme de loi ou d'un conseil sera obligatoire, mais seulement pour la partie en faveur de laquelle cette communication a été ordonnée. L'absence du procureur de la République près du tribunal cantonal n'empêchera pas ce magistrat d'examiner ces sortes d'affaires, de prendre des conclusions et de les soutenir, soit par des mémoires, soit en personne ou par son substitut.

Le fonctionnement de la police correctionnelle sera non moins simple. Les prévenus laissés en liberté comparaitront devant le juge de leur canton ; les prévenus arrêtés comparaitront devant le juge cantonal du lieu où sera située la maison d'arrêt. La procédure sera, comme à présent, instruite par le juge d'instruction siégeant au tribunal d'appel, et la poursuite exercée par le procureur de la République auquel on adjoindra un ou plusieurs substituts, placés, suivant les besoins du service, dans les chefs-lieux de canton les plus importants. Je ne crois pas la présence du procureur de la République absolument indispensable en police correctionnelle. La plupart du temps il se borne à exposer les faits en quelques mots et à demander l'application sévère ou modérée de la loi. L'essentiel, c'est que l'information soit bien faite par le parquet ou le juge d'instruction, et que l'inculpé soit défendu, car l'accusation a suffisamment de force par elle-même pour n'avoir pas besoin d'être vigoureusement soutenue. Et, d'ailleurs, le tribunal d'appel sera là pour relever les faiblesses ou les erreurs du juge correctionnel.

On conservera au chef-lieu du département, siège de la Cour d'assises, un premier président et un procureur général assisté d'avocats généraux qui, indépendamment du service de cette Cour, auront la haute main, comme à présent, sur les magistrats et les procureurs du ressort, au point de vue disciplinaire seulement.

Ainsi, unité véritable de juridiction, simplicité de procédure, simplicité telle que les citoyens les moins instruits pourront sans peine en connaître tous les détails; rapidité de l'instruction en toute matière, par conséquent économie de temps et d'argent, relèvement du personnel judiciaire cantonal, suppression de la magistrature aristocratique des Cours, tels seraient les résultats incontestables de cette réforme, la seule radicale, la seule possible, la seule véritablement républicaine qui ait encore été proposée.

Lorsqu'il s'agit d'une réforme de cette importance, il faut toujours compter avec les difficultés particulières d'exécution; or, une semblable réorganisation aurait surtout l'avantage précieux de ne point obliger l'État à racheter les charges d'avoués. Ceux-ci, pouvant se présenter en qualité d'agréés devant les tribunaux cantonaux comme ils se présentent devant les tribunaux d'arrondissement, n'auront qu'à changer de domicile, s'ils le jugent convenable; leurs émoluments n'en seront pas diminués, parce que les gens inexpérimentés et tous ceux qui n'ont pas le loisir de suivre un procès, réclameront toujours leur assistance. Au lieu de dresser des états de frais, très difficiles à contrôler malgré la taxe, ils traiteront de gré à gré avec le client pour leurs honoraires; leurs études se transformeront en cabinets d'affaires garantis par quelques mesures sérieuses contre toute concurrence; ils auront la faculté de les vendre sans l'intervention du Gouvernement qui, néanmoins, conservera le droit de surveiller leurs agissements concurremment avec les magistrats devant lesquels ils se présenteront.

Grâce à cette réforme, les affaires commerciales très minimes qui échappent actuellement à la connaissance du juge de paix, n'obligeront plus les intéressés à recourir au tribunal de première instance lorsqu'il n'y aura pas de tribunal de commerce dans le canton.

Tout jugement du juge cantonal en matière civile, commerciale, correctionnelle et de simple police, sera susceptible d'appel ; on diminuera ainsi la responsabilité du magistrat, on fortifiera son autorité morale en ne donnant pas prise aux suspicions, aux mécontentements, aux haines même qu'excite dans le cœur des plaideurs un procès perdu sans recours possible ; enfin, et ceci est un point digne de considération, on forcera le juge à étudier plus sérieusement encore les petites affaires qui lui seront soumises et à motiver fortement ses jugements. Obligé de trancher tous les litiges civils et commerciaux, d'ordonner et de surveiller toutes les procédures spéciales, de punir tous les délits et toutes les contraventions, il étudiera la législation dans son ensemble au lieu de se cantonner dans une spécialité routinière ; plus il aura à travailler, plus son expérience s'étendra, plus son intelligence se développera.

Partout, mais surtout dans un gouvernement démocratique, le contrôle est une garantie d'ordre, d'impartialité, de justice et de bonne gestion. C'est donc chose grave de décerner un brevet d'infaillibilité à un juge et à un tribunal, et de livrer à leur merci, sans appel possible, les intérêts, quelquefois l'honneur des citoyens. En vain invoquera-t-on la nécessité de mettre un terme aux différends de peu d'importance ; cette nécessité était peut-être sérieuse avant la Révolution, à une époque où le sans-gêne et l'indolence de la noblesse de robe, l'incapacité et trop souvent la rapacité des procureurs éternisaient les affaires. Mais il faut aujourd'hui moins de temps pour terminer un procès et parcourir toutes les voies de juridiction qu'il n'en fallait autrefois pour faire inscrire une affaire au rôle.

Vainement dira-t-on encore qu'il ne faut pas une juridiction trop élevée pour de petits litiges. Et, d'abord, y a-t-il de petits litiges? Si je ne possède que cent francs et qu'ils soient compromis dans un procès en justice de paix, ce procès n'aura-t-il pas pour moi une importance capitale? Mais je dirai qu'on ne se présentera devant le juge cantonal pour réclamer de modiques sommes que lorsqu'il n'y aura point de contestation possible, que ces litiges se termineront presque toujours en conciliation sur avertissement, comme cela se passe aujourd'hui, qu'enfin il ne faudrait pas reculer devant une réforme excellente parce qu'elle pourrait présenter quelques inconvénients.

Cette faculté d'appeler de toutes les décisions du juge cantonal ne favorisera en aucune façon le plaideur riche, puisque son adversaire pauvre, grâce à l'assistance judiciaire et surtout à la simplification de la procédure, pourra le suivre facilement en appel.

La procédure devant le tribunal d'arrondissement sera, en effet, celle même du tribunal cantonal, c'est-à-dire des tribunaux actuels de commerce. Quels inconvénients présente-t-elle? Les parties abusent-elles de la patience des juges consulaires? Ne s'expriment-elles pas avec calme et décence? Et, quand elles se sentent incapables de discuter efficacement leurs intérêts, ne recourent-elles pas aux avocats ou aux agréés? Ce qui est bon, économique, raisonnable devant les tribunaux de commerce, devant les tribunaux correctionnels et criminels, ne le sera pas moins devant les tribunaux civils.

Le rachat des offices d'avoués a toujours été la pierre d'achoppement de toute réforme judiciaire et d'une refonte sérieuse du Code de procédure. Depuis longtemps, pour des causes indépendantes de la volonté du Gouvernement, le revenu de ces études, comme de celles des notaires, diminue sérieusement. Afin d'obtenir un produit rémunérateur, les officiers ministériels sont forcés, de temps à autre, d'acheter la charge d'un confrère pour la supprimer. Laissons donc au temps le soin de faire son œuvre. La multiplication des tribunaux de commerce, la réforme de la procédure, la réduction des degrés de juridiction en matière civile, la dépréciation constante de la propriété immobilière et le peu de garantie offert par les placements hypothécaires, les avantages des emprunts avec amortissement consentis par le Crédit foncier, la faveur sans cesse croissante des fonds d'État et des obligations de chemins de fer, tout cela fera disparaître, sans bourse délier pour l'État, les charges des officiers ministériels, dont le Gouvernement pourra investir, si le besoin s'en fait sentir, des agents ne relevant que de lui. Les avocats n'auront pas à redouter une semblable réforme; d'ailleurs l'État ne leur doit rien.

L'appel des jugements rendus par les tribunaux cantonaux étant porté devant les tribunaux d'arrondissement, les Cours deviendront inutiles et seront supprimées; mais cette suppression même ne jettera aucun trouble dans le personnel judiciaire et ne donnera lieu qu'à un simple remaniement. Tout d'abord, il y aura autant de premiers présidents et de procureurs généraux, sans compter les avocats généraux, qu'il y a de départements. Leurs traitements, cela va de soi, seront moins élevés qu'aujourd'hui parce qu'ils ne seront plus les hauts et puissants fonctionnaires des Cours actuelles. Ensuite, on remplacera par des juges de première instance les magistrats cantonaux dont l'insuffisance sera notoire et l'on comblera les vides dans les tribunaux d'arrondissement à l'aide des conseillers restés sans emploi. Quant aux Cours d'assises, rien ne sera changé à leur organisation, sinon qu'on en choisira les présidents et les assesseurs parmi les magistrats des tribunaux d'arrondissement, dans les formes indiquées par la loi.

On a déjà formulé implicitement deux reproches contre ce projet : le premier, fondé sur l'insuffisance du personnel actuel des justices de paix; le second, sur le danger de confier la solution de tous les litiges, même les plus importants, à un juge unique. Ces reproches ne sont pas plus sérieux l'un que l'autre. Nous avons des ingénieurs, des médecins, des professeurs, des constructeurs instruits, mais, il faut bien l'avouer, nous manquons de jurisconsultes. De toutes les études, en France, les études de droit sont les plus faibles; on ne les relèvera qu'en augmentant l'autorité morale et la responsabilité des magistrats. Pourquoi sont-elles les plus faibles? Parce que la magistrature, mal rétribuée, recherchée simplement pour l'honneur, n'était accessible qu'aux gens riches et influents, toujours très peu disposés à travailler. Il y a trente ans, un ou deux étudiants à peine sur cent briguaient le doctorat. Depuis, les choses ont changé ; les traitements se trouvant plus élevés, le nombre des docteurs s'est augmenté et les épreuves deviennent plus difficiles à mesure que les places sont plus disputées. C'est la conséquence de la lutte pour l'existence. Dans un autre ordre de faits, voyez ce que sont devenus les programmes de l'instruction primaire depuis qu'on a élevé les traitements des instituteurs ! Voyez ce que sont devenues les études commerciales et celles des langues vivantes depuis que la concurrence étrangère nous poursuit sur tous les marchés du monde !

Augmentez les appointements des juges cantonaux, conférez-leur l'inamovibilité, et vous trouverez sans peine des licenciés et des docteurs en droit expérimentés qui accepteront ces fonctions avec empressement. Quant au danger que pourrait présenter l'institution d'un juge unique, il disparaît devant cette considération que tous les jugements rendus par les juges cantonaux, si minime que soit leur objet, seront susceptibles d'appel, en matière civile et commerciale comme en matière correctionnelle et de simple police. Le juge unique existait chez les Romains, dont personne n'osera contester les aptitudes juridiques ; il existe dans le plus grand pays civilisé après la France, en Angleterre, et le Gouvernement et les Chambres l'acceptent dans une certaine mesure, puisqu'ils semblent tout disposés à augmenter la compétence des juges de paix et à enlever aux tribunaux la moitié, peut-être les trois quarts des affaires qui leur sont maintenant soumises.

Mais, dira-t-on, quel est le magistrat, le jeune substitut, l'avocat, l'agréé qui consentiront à s'enterrer dans un chef-lieu de canton ? Cette difficulté, si c'en est une, m'embarrasse peu, je l'avoue ; le Gouvernement républicain n'a pas à se préoccuper des convenances de ceux qui sollicitent des emplois. Cette réforme, je le constate, aurait pour conséquence de redonner un peu de vie aux petites villes dont on déplore avec raison la dépopulation croissante, et répondrait au besoin de décentralisation qui se fait, depuis longtemps, si vivement sentir. La présence de nouveaux fonctionnaires et d'hommes de loi dans les chefs-lieux de canton ne se concilierait-elle pas, d'ailleurs, avec celle des garnisons qui s'y trouvent parfois ? N'y exciterait-elle pas l'émulation et le progrès ? N'y ranimerait-elle pas l'industrie et le commerce ? N'y remettrait-elle pas l'agriculture en honneur parce que les propriétaires et les ouvriers auraient moins de tendance à quitter leur pays natal pour rechercher les distractions ou les avantages des grandes villes ? Cette réforme n'aurait-elle d'autres résultats que ceux-là, qu'il faudrait la proclamer excellente, désirable et vraiment démocratique.

On se demandera comment on pourrait soumettre au tribunal cantonal certaines affaires dont la procédure est très compliquée : les saisies immobilières, par exemple, les partages, les ventes de biens de mineurs, les licitations, les ordres, etc. ; il suffira de quelques modifications dans ces procédures pour les rendre plus simples, plus rapides, moins dispendieuses, je le démontrerais sans peine.

On se demandera encore comment le magistrat pourra suffire à une tâche aussi grande ! Ne nous en exagérons pas l'importance ; dans les arrondissements où le tribunal juge aujourd'hui trois cents procès civils, cent affaires commerciales et autant d'affaires correctionnelles, le juge cantonal n'en aura d'ordinaire à examiner que le cinquième ou le sixième en moyenne, c'est-à-dire cent ou cent cinquante de plus que le juge de paix actuel ; en outre, il aura pour collaborateurs, non pas deux suppléants notaires, maires, anciens greffiers ou huissiers, mais des licenciés ou docteurs en droit comme lui, jeunes stagiaires parmi lesquels se recrutera la magistrature.

Je prévois toutes les objections : et les greffes, et les archives, et les intérêts du Trésor? Tout cela est sérieux, je le reconnais, mais si l'on se laissait arrêter par les difficultés de détail, on ne réformerait jamais rien. Deux ordres d'intérêts sont en présence : l'intérêt des avoués, de la haute magistrature et du fisc, d'un côté ; de l'autre, l'intérêt de la République, de la justice et surtout des justiciables.

Enfin, si les jugements frappés d'appel ne sont pas assez nombreux pour occuper sérieusement tous les tribunaux d'arrondissement, on pourra n'en laisser subsister que quelques-uns ou même ne conserver que celui du chef-lieu du département.

Depuis quelque temps, la réforme du Code d'instruction criminelle est à l'ordre du jour et l'on demande notamment pour l'inculpé l'assistance d'un avocat qui le préservera des pièges où le juge, dit-on, cherche à le faire tomber. Évidemment, le premier conseil donné par l'avocat à son client sera de ne rien avouer et de répondre le moins possible, en tout cas de la manière la plus vague, à toutes les questions qui lui seront posées. Ce système ne me déplait pas ; l'on se fait d'étranges illusions lorsqu'on se représente le magistrat en tête à tête avec l'inculpé enchaîné, le pressant, le retournant, lui faisant subir pendant des heures entières une sorte de torture morale pour lui arracher l'aveu d'un crime. Peut-être y a-t-il eu et y a-t-il encore des juges d'instruction de cette sorte, mais il en est beaucoup d'autres qui, sans négliger les aveux surpris ou spontanés, recherchent la preuve des délits dans les dépositions des témoins, les circonstances et l'enchaînement des faits, les rapports médico-légaux, les constatations des experts, les papiers, effets, armes et autres objets trouvés en la possession de l'inculpé ou chez lui; dans tout ce qui peut porter la conviction dans l'esprit des jurés; qui s'efforcent, en un mot, d'établir la culpabilité ou l'innocence de l'inculpé en dehors de lui, sans sa participation et comme s'il n'était pas sous les verrous. Cette manière d'instruire est la bonne, car bien souvent il ne faut pas plus avoir de confiance dans les aveux que dans les dénégations d'un accusé. Quant à lui donner communication des pièces de l'information, il n'y faut pas songer; en dehors des flagrants délits, tous les coupables échapperaient à la vindicte publique.

Autrefois on s'efforçait d'augmenter les moyens d'action de la Justice pour défendre la société et les citoyens honnêtes; aujourd'hui une certaine presse, pleine de sollicitude pour les criminels de toute catégorie, cherche à nous pousser dans une voie diamétralement opposée. Ses clameurs ont rendu la police hésitante, les jurys d'une grande faiblesse; elles ont même réagi sur les membres du parquet qui cherchent de plus en plus à correctionnaliser les crimes pour éviter des acquittements en Cour d'assises. L'indulgence du jury enhardit les malfaiteurs et les hésitations de la poursuite n'ont d'autre résultat que de substituer l'arbitraire à la loi. Je déplore même la clémence systématique du Président de la République et l'abus qu'il fait des commutations de peines, parce qu'il enlève à la justice deux de ses caractères essentiels : la fixité et l'égalité des peines.

Si le pays est partisan, comme je le suis moi-même, de l'abolition de la peine de mort, qu'il se prononce sans retard, parce qu'il n'y a pas de dissolvant plus actif pour les liens sociaux que les atermoiements, les compromis et les hésitations dans l'application des lois. C'est surtout dans l'application des règlements que gît, en effet, la faiblesse de notre répression criminelle ; et c'est aux vices de notre organisation pénitentiaire, en particulier, que sont dues l'augmentation des délits et leur gravité croissante. La morale et la loi demandent non le châtiment mais la correction, par conséquent l'instruction et le relèvement du condamné, idée juste qui a cependant donné lieu aux abus que nous allons signaler. Si la première faute était toujours suivie d'une condamnation, on pourrait peut-être corriger le coupable ; malheureusement on a des trésors d'indulgence pour cette première faute ; on remet à leurs parents des enfants ou des jeunes gens qu'il eût fallu séquestrer : quand ils viennent enfin s'asseoir sur le banc de la police correctionnelle ils sont déjà corrompus, il ne faut plus songer à les ramener au bien. Où les envoie-t-on néanmoins ? Dans une maison de correction où ils achèvent de se gâter, ou bien dans une maison centrale où leur cœur s'endurcit. Dans le premier cas, ils deviennent des voleurs, tout au moins des vagabonds ; dans le second, des assassins. Beaucoup tuent uniquement pour encourir les travaux forcés et être envoyés à la Nouvelle-Calédonie, les débats des Cours d'assises le prouvent. Puisque le bagne, à l'extérieur, est une peine relativement douce, puisque, au lieu d'être un épouvantail, il est convoité comme une faveur par les criminels, supprimez-le ou rendez-le redoutable.

Pourquoi le vagabondage est-il un délit d'habitude? Parce que certaines prisons, bien connues des vagabonds, sont presque des hôtelleries où les condamnés sont mieux logés, mieux chauffés, mieux nourris qu'ils n'oseraient espérer de l'être chez eux, en travaillant honnêtement. Ils apprécient la liberté pendant l'été, quand on peut vivre de maraudage et coucher à la belle étoile, mais ils la méprisent dès que la pluie et les frimas sont revenus. Sur cent vagabonds véritables, quatre-vingt-dix se font arrêter intentionnellement. Quand on les repousse, ils commettent immédiatement un délit insignifiant pour forcer la main aux gendarmes. Une simple mesure administrative peut supprimer par conséquent, ou tout au moins réduire considérablement le vagabondage : ayez moins de sollicitude, dans la prison, pour ces déclassés; donnez-leur du pain moins blanc, des vêtements moins chauds, et astreignez-les surtout à un travail sérieux.

Je n'appelle pas vagabond celui qui, sans domicile ni moyens d'existence, se trouve, par son âge ou ses infirmités, dans l'impossibilité de travailler.

Je n'appelle pas mendiant celui qui, pourvu d'un métier et même domicilié dans un lieu où existe un établissement public organisé afin d'obvier à la mendicité, se trouve, faute d'ouvrage et accidentellement, dans l'impérieuse nécessité de tendre la main.

Ce sont des malheureux : la société doit les secourir, non les condamner.

Je me suis toujours demandé pourquoi l'État n'employait pas les condamnés de toute catégorie aux travaux utiles, aux terrassements des chemins de fer, au creusement des canaux et des ports, et ne réalisait pas par là une double économie. Est-ce donc pour ne point faire concurrence aux deux cent mille Allemands et Italiens qui viennent travailler tous les ans au rabais sur nos chantiers, ou pour ne pas ruiner l'industrie de quelques entrepreneurs de travaux publics ? Est-ce parce que vous estimez leur surveillance coûteuse et difficile ? Changez votre système pénitentiaire, soyez humains mais sévères jusqu'à la rigueur quand il le faudra, cherchez à tirer parti du mal même, n'abusez pas de ces commutations de peines, de ces propositions inconsidérées d'amnistie dont l'effet inévitable est d'enlever toute autorité à la chose jugée et de nous conduire à l'anarchie, et bientôt les crimes et délits diminueront dans une proportion sérieuse.

Ainsi, à côté de la grande réforme judiciaire, deux mesures s'imposent immédiatement : l'application stricte de la loi et l'exécution inflexible des décisions de la justice, enfin une réforme pénitentiaire sans laquelle les mesures de répression et les tentatives de moralisation demeureront inefficaces.

## CHAPITRE XI.

De quelques règles à suivre dans la direction des affaires extérieures.

Dans l'évaluation des forces militaires, nous devons porter en compte la valeur personnelle, l'armement, la tactique et les moyens d'action de l'adversaire, mais supputer seulement le nombre de nos propres soldats, en négligeant les éléments appréciés avec soin chez l'ennemi et mis à son actif, parce que chaque peuple a une tendance manifeste, suscitée par l'amour-propre, à exagérer son courage et son habileté. Personne ne s'avoue inférieur à autrui, et tel peuple jugé lâche, indiscipliné, barbare, se trouve tout à coup, au milieu de la lutte, infiniment supérieur sous tous les rapports à l'opinion qu'on s'en était formée. Nous l'avons vu récemment au Tonkin, où les Chinois ont fait preuve de qualités militaires qu'on ne leur soupçonnait pas; nous l'avons encore vu dans la triste campagne du Soudan, où les Anglais ont éprouvé tant de désastres.

— Une nation, qui a le bonheur de se mouvoir souverainement dans ses limites historiques et géographiques, doit s'interdire de la façon la plus absolue toute entreprise sur ses voisins et sur des peuples civilisés. Qui s'élève trop haut sera rabaissé : l'histoire des Perses, des Macédoniens, des Romains, des Espagnols et des Français le prouve surabondamment. Cependant lorsqu'on veut former un grand empire, il y a deux voies à suivre : vaincre tous ses ennemis en courant, comme Alexandre, Attila, Napoléon ; ou bien croître lentement et patiemment comme le peuple romain et la monarchie prussienne. Nous connaissons les causes de la grandeur de Rome, nous connaissons moins celles des progrès de l'Allemagne du Nord. Au nombre de ces causes, il faut noter l'habileté avec laquelle les monarques prussiens ont su acheter ou conquérir des enclaves au milieu de l'Allemagne féodale. Il est venu un moment où ces enclaves, comme d'épaisses gouttes d'eau sur une surface plane, se sont élargies et réunies d'elles-mêmes, pour ainsi dire. Notre Henri IV avait donné en 1604 à la maison de Brandebourg un exemple de cette habileté politique, lorsqu'il reprit la Bresse, le Bugey et le pays de Gex, séparant par là la Savoie de la Franche-Comté, possédée alors par l'Espagne, et préparant la réunion de ces deux provinces à la France. C'est ainsi que le hasard nous a très bien servis dans l'Indo-Chine. Maîtres de la basse Cochinchine, nous nous sommes établis solidement dans le delta du Tonkin ; dès lors les territoires intermédiaires, le Cambodge, l'Annam, avec Hué, étaient à nous. Si la Prusse n'avait pas possédé dès 1815 les provinces rhénanes, elle n'aurait pu expulser l'Autriche de la Confédération germanique ni s'emparer, malgré ses victoires, de l'Alsace et de la Lorraine. Elle est maintenant maîtresse du Hanovre, du grand-duché de Bade et du Wurtemberg : Europe, veille sur la Hollande et la Suisse, si tu ne veux pas voir prochainement un nouveau phénomène d'attraction moléculaire.

— Je m'oublie, j'invoque un fantôme. Depuis le démembrement par la Prusse du Danemark, dont la France, l'Angleterre et la Russie avaient garanti l'intégrité, il n'y a plus d'Europe.

— Quand un différend s'élève entre deux peuples, il faut à tout prix l'empêcher de se vider par les armes lorsque ces peuples sont nos amis, parce que la guerre est presque toujours préjudiciable aux neutres. Lorsque ces peuples sont nos ennemis, nous calculerons si le préjudice causé par leur lutte ne dépassera pas l'avantage résultant pour nous de leur affaiblissement. Si ce préjudice est trop grand, nous mettrons tout en œuvre pour les réconcilier; si, au contraire, nous avons un intérêt évident à les laisser s'affaiblir, nous les abandonnerons à leur sort, à moins cependant que la défaite de l'un ne vienne à trop fortifier l'autre. L'un des deux est-il notre ennemi et l'autre notre ami? nous empêcherons celui-ci de succomber, soit en l'aidant secrètement ou ouvertement, soit en proposant notre médiation d'une manière comminatoire, ainsi que la Prusse l'a fait en faveur de l'Autriche après la bataille de Solférino, ainsi que l'a fait encore l'Angleterre en faveur de la Turquie après la chute de Plewna, et l'Autriche en faveur du roi Milan après le triomphe des Bulgares. Si notre ennemi est le plus faible, nous le laisserons écraser, pas au point cependant de rendre notre ami trop puissant, ce qui, en enflant son orgueil, lui permettrait de se dégager de notre alliance et d'être pour nous un adversaire éventuel. Si l'Angleterre et la Russie avaient compris cette vérité en 1870, la Prusse ne serait pas omnipotente aujourd'hui en Europe.

En cette matière, il est malheureusement impossible de se laisser guider par les règles de la délicatesse et les inspirations de la charité. La vie est un combat perpétuel, pour les nations plus encore que pour les individus, et nul ne peut dire ce que nous a coûté cette chevaleresque maxime : la France est assez riche pour payer sa gloire !

Néanmoins, je ne conseillerai jamais d'employer les procédés de l'Angleterre qui servait au Régent, le duc d'Orléans, une pension d'un million par an pour trahir la France, qui en donnait dans le même but une de cent mille francs au cardinal Dubois, autant à Mme de Prie; qui, plus tard, soudoyait les complots de Cadoudal et de Pichegru et envoyait des assassins à gage pour se débarrasser de Bonaparte. On peut quelquefois se retrancher dans une égoïste abstention, mais les procédés criminels se retournent toujours, un jour ou l'autre, contre ceux qui les emploient.

— Les événements, dont on tirera surtout parti, sont les guerres auxquelles peuvent être entraînés nos ennemis, et les révolutions qui se produisent chez eux. Nous éviterons de nous prononcer avant que les hostilités aient sérieusement commencé. Si l'issue de la lutte doit nécessairement et très rapidement être favorable à notre ennemi, nous devrons prudemment y regarder de très près avant d'intervenir ; mais lorsque les deux adversaires sont à peu près de même force, il faut saisir l'occasion avec vigueur et promptitude, car peut-être ne se représentera-t-elle de longtemps. En n'intervenant pas en 1866 dans les affaires d'Allemagne, Napoléon III a commis une faute irréparable, aussi grave, sinon plus, que la faute commise par le Gouvernement provisoire en 1849, lorsque celui-ci pouvait si facilement tendre la main aux révolutionnaires d'Outre-Rhin et se faire remettre en gage, de gré ou de force, toute la rive gauche du grand fleuve.

Les compétitions dynastiques sont aussi des événements dont une république peut tirer parti ; malheureusement elles deviennent de plus en plus rares en Europe, excepté de temps à autre en Espagne, où elles ne peuvent nous être utiles. Intervenir maladroitement dans ces querelles intérieures n'aurait souvent d'autre résultat que de réunir les deux compétiteurs et leurs partisans contre soi, et de rendre ainsi un service signalé à ses ennemis.

— Les défaites, quand elles ne compromettent pas irrémédiablement l'avenir, sont quelquefois utiles à un peuple qui sait réfléchir et envisager sa situation de sang-froid. Elles lui rappellent qu'il n'est ni invincible ni immortel. Il ne faut donc pas demander des leçons de tactique militaire au victorieux, mais au vaincu. Le premier, enflé de ses succès croît à la supériorité de son courage et à son infaillible habileté ; il ne se demande pas si le hasard n'est pas pour beaucoup dans ses victoires, si les fautes et l'aveuglement de ses adversaires ne les lui ont pas rendues faciles ; il méprise les obstacles et ne doute plus de rien. Cette disposition d'esprit, cette confiance illimitée en soi, fait accomplir des prodiges, cela est vrai, mais pour un temps. Plus on est victorieux, plus on veut vaincre et plus on s'épuise. Tel, Napoléon conquérant la Prusse après l'Italie, l'Espagne après la Prusse, l'Autriche après l'Espagne, la Russie après l'Autriche. Cependant l'ennemi s'aguerrit, se rend compte des causes de ses insuccès, se rassure peu à peu en reprenant possession de lui-même ; tous les jours il dispute le terrain avec plus d'intelligence et d'acharnement, et s'il a pour lui le nombre, il finit par triompher du plus redoutable adversaire. Austerlitz et Iéna, les grandes victoires incontestées, sont suivies d'Essling et de Wagram, les victoires sanglantes, puis de Leipzig, la bataille sans résultat, enfin de Waterloo, la défaite complète.

— Rendons cette justice aux Prussiens, qu'ayant en 1870 tous les atouts dans leur jeu, d'un côté l'impopularité de Napoléon III et l'incapacité de ses généraux, la faiblesse numérique de l'armée française et l'infériorité de son armement; d'un autre côté, la discipline et le nombre de leurs propres soldats, ils n'ont pas dédaigné de recourir aux moyens louches : l'espionnage; aux mesures violentes et barbares : l'incendie et les fusillades, et, sûrs de vaincre, de négocier néanmoins en dernier lieu la trahison de Bazaine.

— Les Romains n'ont jamais été plus forts qu'après avoir été écrasés par les Gaulois, et plus tard par Annibal et Pyrrhus. La Prusse n'est devenue une puissance véritable qu'après avoir été démembrée en 1806. La France saura-t-elle tirer un enseignement de ses dernières défaites? Il est permis d'en douter lorsqu'on la voit modeler son organisation militaire sur celle de son ennemie. Chaque peuple a son tempérament particulier, ses aptitudes guerrières, et telle tactique excellente pour l'un, devient funeste à l'autre. Ne cherchons pas exclusivement à savoir pourquoi et comment les Prussiens nous ont vaincus, mais demandons-nous surtout quels étaient les côtés faibles de nos armements, quelles fautes nous avons commises, si ces fautes doivent être imputées aux soldats ou aux chefs; le mal connu, traitons-le par les remèdes les plus énergiques. Les Parthes auraient eu bien tort d'abandonner leur tactique pour adopter celle des Romains ; Bonaparte, s'il eût suivi fidèlement les principes des auteurs classiques, eût été écrasé vingt fois par les vieux généraux autrichiens qui les connaissaient mieux que lui. On lui reprochait alors de ne pas vaincre dans les règles.

— Dans l'état actuel de l'Europe, la question des alliances est capitale. Les alliances offensives et défensives sont rares ; elles se nouent et se dénouent suivant les circonstances, elles sont en réalité des coalitions de courte durée.

Cependant, sans revêtir diplomatiquement ce caractère, les alliances peuvent être très intimes, comme celles qui subsistent de fait entre peuples parlant la même langue ou se gouvernant par les mêmes principes : telle est l'alliance qui existe entre la France, la Belgique et la Suisse. Le meilleur moyen de l'entretenir et de la fortifier consiste, non seulement à favoriser les échanges entre les deux pays, mais, pour la France particulièrement, à attirer chez elle Belges et Suisses, à faciliter leur naturalisation, à provoquer leur mariage avec des Françaises, car la femme a plus d'influence, d'ordinaire, sur l'esprit de son mari que ce dernier sur celui de sa femme, et les enfants ont une tendance bien marquée à préférer la nationalité de leur mère, dont ils parlent toujours la langue.

Après ces alliances intimes, aussi sociales que politiques, viennent les alliances purement politiques. On ne doit les rechercher qu'entre peuples ayant des intérêts matériels tout à fait différents. Lorsque les intérêts, les tendances, les mœurs sont les mêmes, il ne s'agit plus d'alliance mais de fédération ou de fusion. On ne s'unira donc pas à des voisins séparés de soi par une rivalité quelconque, encore bien moins à des ennemis séculaires. Ainsi la France pourra avoir un jour des rapports de bon voisinage avec l'Allemagne du Nord comme elle en a actuellement avec l'Angleterre, néanmoins elle ne sera jamais l'alliée de l'une ni de l'autre. Elle peut s'unir à l'Espagne, dont les tendances républicaines sont incontestables, mais non pas à l'Italie, jalouse de notre prépondérance dans la Méditerranée et de notre puissance en Afrique.

— La France républicaine, nous le reconnaissons sans difficulté, est forcément condamnée à l'isolement dans les guerres territoriales, car elle a contre son principe tous les états monarchiques de l'Europe. Nous pouvons avoir, en effet, les sympathies des peuples et les voir néanmoins se tourner contre nous parce que les alliances ne se nouent pas avec eux mais avec leurs gouvernements. Pour nous soutenir, ou plutôt agir de concert avec nous dans une guerre future, il faudra donc qu'un monarque ait un intérêt tout particulier à le faire.

L'Angleterre, repoussée du continent à la suite de ses désastres dans la guerre de Cent ans, sentit la nécessité d'inaugurer une politique avant tout coloniale et maritime; sa situation géographique et les tendances séculaires de ses habitants lui traçaient, d'ailleurs, sa voie. Dès lors elle eut pour ennemis les peuples capables de lui contester l'empire des mers. Elle lutte d'abord contre l'Espagne à laquelle Christophe Colomb venait de donner un nouveau monde. L'Espagne abattue, elle se retourne contre la France dont la marine, sous Colbert, avait pris un essor considérable, puis contre la Hollande, maitresse du cap de Bonne-Espérance, clef de la route des Indes. La corruption de la cour de France, sous Louis XV, et les défaillances de sa politique rendent bientôt notre ennemie séculaire maîtresse du Canada, de la Louisiane et de toutes ses colonies que nous avions fondées en Amérique. Après la guerre de l'Indépendance, pour s'assurer de la grande voie allant de l'Europe aux Indes, dont elle convoite la conquête totale, elle s'établit fortement à Sainte-Hélène, au Cap, et nous enlève l'île de France. Dès qu'elle prévoit l'éventualité du percement de l'isthme de Suez, déjà maîtresse de Gibraltar depuis 1704, elle nous reprend Malte et s'empare de Périm et d'Aden, à l'entrée de la mer Rouge. Nous avons encore présents à la mémoire ses efforts pour nous arracher l'Algérie qui nous assurera tôt ou tard la prépondérance dans la Méditerranée, et pour empêcher *le grand Français* de percer l'Isthme. Le canal terminé, elle n'a plus qu'une idée fixe, l'accaparer et faire de cette œuvre colossale une annexe de son empire. Dans ce but, elle s'allie à l'Italie, achète toutes les actions du canal que le khédive s'était réservées, se fait céder l'île de Chypre par la Turquie affolée, intervient en Égypte et tâche d'établir son protectorat sur cette riche province que l'imprévoyance de notre diplomatie semble lui abandonner.

Cependant la Russie, presque autant que la France, vient tout à coup exciter ses inquiétudes. Elle nous entraîne en Crimée, où Napoléon III la suit follement, puis voyant le colosse moscovite poursuivre sa marche en Asie malgré la perte momentanée de la mer Noire, elle s'avance au-devant de son adversaire, s'empare de l'Afghanistan, suscite l'Autriche et la Prusse contre lui, l'arrête au moment où, victorieux à Plewna, il va s'emparer enfin de Constantinople, complique encore la question d'Orient déjà si embrouillée et jette ses vues sur la Crète, seule étape de la Méditerranée où elle n'ait pas pied. Enfin, pour affaiblir la France sur le continent et entraver la reconstitution de notre empire colonial, elle s'allie par les liens les plus étroits à la Prusse dont elle a pressenti depuis longtemps les tendances et la haute fortune.

La Prusse, puissance continentale, et l'Angleterre, puissance maritime, ont des intérêts absolument distincts, ce qui explique l'étroitesse et l'indissolubilité de leur alliance. Nous avons dit comment la première avait préparé son agrandissement en Europe : il nous sera facile de pressentir ce qu'elle espère dans l'avenir en considérant ses agissements présents. Un Prussien règne en Moldavie et en Valachie sur des peuples slaves et roumains ; un Prussien régnait encore hier en Bulgarie et en Roumélie sur des peuples musulmans et grecs, sinon par leur origine, du moins par leurs langues, leurs mœurs, leurs religions. Qu'avait-elle besoin de se rendre prépondérante dans la presqu'île des Balkans et sur les bouches du Danube si ce n'est pour contenir la Russie et rejeter la maison d'Autriche vers l'Est ? Une dynastie allemande règne à Bruxelles sur un peuple catholique et français ; une dynastie allemande règne sur l'Angleterre. Si les vœux de nos conservateurs étaient exaucés, nous aurions bientôt sur le trône de France le fils d'une Allemande. La Prusse fournit des rois à tous les pays comme la maison Krupp leur fournit des canons ; c'est sa manière de civiliser, c'est là la vraie culture germanique. Pourquoi s'est-elle unie à l'Autriche et à l'Italie, pourquoi a-t-elle essayé de s'unir avec l'Espagne, si ce n'est dans le but de contenir la France à l'Ouest et de l'empêcher de reprendre ses limites nationales? Toutes les fois qu'elle sera engagée dans une guerre continentale, elle pourra donc compter, non seulement sur la participation plus ou moins déguisée de l'Angleterre, mais encore sur tous les princes de sa maison qu'elle a fait couronner en Europe, car, encore une fois, ce sont les rois et non les peuples qui, jusqu'à présent, font les traités, dirigent les armées et décident de la paix et de la guerre.

La politique de l'Angleterre doit nous servir d'exemple dans le développement de notre extension coloniale, et la politique de la Prusse nous indique clairement ce que nous avons à faire sur le continent pour reconstituer notre patrimoine national. Nous devons, par conséquent, tendre avant tout, à propager nos idées chez les peuples voisins et à les amener à proclamer comme nous la république démocratique. Lorsque nous serons rentrés en possession de nos frontières naturelles, et si aucune compétition territoriale ne nous divise, nous trouverons en eux des alliés tout désignés; à la coalition des monarchies, nous opposerons alors la coalition des républiques.

— Deux peuples séparés par des barrières naturelles presque infranchissables, comme les Pyrénées et les Alpes, peuvent et doivent avoir de bons rapports ensemble. L'Autriche, exclue aujourd'hui des Pays-Bas et de la Franche-Comté, peut être notre alliée fidèle; aussi Napoléon III, en favorisant la création du royaume d'Italie au détriment de l'Autriche, a-t-il commis l'une des plus grandes fautes qu'homme d'État pût commettre : il s'est fait un ennemi d'un empire qui devait rester notre ami, et s'est fait encore une ennemie de la nation à laquelle il donnait la vie, ennemie d'autant plus acharnée que nous lui avons rendu plus de services et qu'elle se sent plus odieusement ingrate.

De toutes les grandes puissances européennes, la Russie est la plus éloignée de nous, par conséquent celle dont les projets peuvent le moins nous nuire. Qu'elle se jette sur Constantinople ou sur l'Asie, peu nous importe; dans le premier cas, elle éveillera les susceptibilités de la Prusse et de l'Autriche; dans le second cas, celles de l'Angleterre. Rien ne saurait, pour l'instant, nous être plus utile. Tous les efforts de notre diplomatie doivent donc tendre à gagner son alliance politique. La différence des gouvernements n'est pas un obstacle, au contraire : nos rois, fils aînés de l'Église, n'ont-ils pas été les alliés séculaires et fidèles des successeurs de Mahomet? Maintenant que l'alliance de la Turquie serait une charge sans compensation, tournons-nous vers le Czar. Jouons avec lui cartes sur table : nos motifs intéressés ne l'offusqueront pas, puisque les motifs qui le détermineraient lui-même à s'unir à nous seront exactement de même nature.

— « Les peuples naissants, dit Montesquieu, se multiplient et croissent beaucoup. Ce serait chez eux une grande incommodité de vivre dans le célibat : ce n'en est point une d'avoir beaucoup d'enfants. Le contraire arrive lorsque la nation est formée. » Nous devons conclure de ce principe que la nation française est formée, puisque l'excédent des naissances sur les décès est moindre chez elle que dans les autres pays. Il faudrait en conclure également que l'Angleterre, presque aussi vieille que la France, n'est pas une nation formée, puisque sa population augmente chaque année dans de grandes proportions. On en pourrait dire autant de l'Allemagne. Cependant, que faut-il entendre par nation formée ? Évidemment celle qui contient sur son sol autant d'habitants qu'il en peut nourrir. L'Angleterre et l'Allemagne ont une population assez dense, mais la première a des colonies immenses où elle écoule l'excédent de ses naissances, et l'Allemagne, qui nourrit difficilement ses enfants, a des tendances envahissantes lorsque l'émigration en Amérique ou dans les autres parties du monde ne lui permet pas de se débarrasser du trop-plein de ses habitants. Si Rome, au lieu de refouler les Barbares, avait facilité leur émigration en Afrique et en Asie, elle ne se serait pas vue envahie et submergée par leurs flots débordés. Le développement de nos possessions, j'en suis persuadé, va activer sérieusement chez nous l'augmentation de la population et nous ramener au nombre des nations non formées. Ceci est un argument sans réplique en faveur de la politique coloniale récemment inaugurée.

— Les peuples qui ont l'espace devant eux, comme la Russie et les États-Unis, n'ont pas besoin de colonies. Pourquoi iraient-ils chercher bien loin ce qu'ils ont à leur porte ? Mais les peuples resserrés dans des limites fixes et étroites sont bien forcés, ou d'empiéter sur le territoire de leurs voisins, comme la Prusse, ou de fonder des colonies au dehors comme l'Angleterre, l'Espagne, la Hollande et la France. L'Angleterre, habile à tirer parti des siennes, est arrivée au comble de la puissance ; l'Espagne, réduite par sa faute à son territoire continental, ou peu s'en faut, se débat dans les convulsions de l'agonie. Certains politiciens, ennemis aveugles des colonies, voudraient nous voir suivre l'exemple de l'Espagne ; la jalousie excitée en Angleterre, en Allemagne et en Italie par notre extension coloniale devrait cependant leur ouvrir les yeux, car rien ne saurait être plus agréable à nos ennemis qu'une politique capable de nous affaiblir sur le continent. La vérité est qu'un peuple n'a d'influence dans le monde que par l'extension de son commerce, par la diffusion de sa langue et de ses principes. Sans la politique coloniale de Colbert, il n'y aurait pas aujourd'hui en Amérique deux millions d'hommes parlant le français et le nom de la France y serait inconnu.

La Prusse, si puissante actuellement sur le continent, n'a jamais exercé d'action sur les destinées de l'humanité, et, nous l'espérons pour la justice et la liberté, n'en exercera jamais.

D'ailleurs, un peuple n'est pas libre d'avoir ou de ne pas avoir des colonies, c'est une question de situation géographique. L'Angleterre, la Hollande, la France, l'Espagne, le Portugal ont été irrésistiblement poussés en Amérique et aux Indes par les flots de l'Atlantique, comme le Danemark en Islande et au Groënland par les courants de la mer du Nord, comme Venise et Marseille vers le Levant par l'Adriatique et la Méditerranée.

— « Nous n'avons pas besoin de nous expatrier, diront les adversaires des colonies, puisque la France peut nourrir deux fois plus d'habitants qu'elle n'en a. » Mais en sera-t-il encore longtemps ainsi, et où iront nos émigrants quand toutes les terres du globe appartiendront à des peuples civilisés ? Sous quels forts, dans quels havres se réfugieront nos navires de commerce, dans quels ports iront se ravitailler nos croiseurs, lorsque nous aurons une guerre maritime à soutenir? Comment pourrons-nous faire respecter les biens et la vie de nos nationaux sur tous les points du globe? La politique qui ne sait pas prévoir l'avenir est une triste politique. En cette matière, l'esprit français adopte trop volontiers une opinion toute faite, émanée d'un parti triomphant, au lieu de s'en former une par l'étude et le raisonnement. Hier, on voulait conquérir la Chine, aujourd'hui, une minorité républicaine, dirigée par des vaudevillistes et unie aux pires ennemis de la démocratie, réclame à grands cris l'évacuation des provinces où nous nous sommes établis au prix de tant de sacrifices. Discute-t-on à la tribune une question de finances, on entend éclater de tous les points de l'Assemblée cette apostrophe : Tonkin ! Parle-t-on d'agriculture, d'administration, de recrutement : Tonkin, Tonkin ! Tonkin est devenu, dans la bouche de certains Députés, un argument sans réplique, et Tonkinois une suprême injure. En vérité, si l'on ne connaissait leur légèreté, on serait tenté de considérer les adversaires de notre expansion coloniale comme des agents de l'Angleterre et de l'Allemagne, les deux puissances européennes les plus intéressées à l'entraver.

— Il ne suffit pas d'adopter théoriquement une politique sage, prévoyante, habile, il faut encore des agents expérimentés pour la mettre en pratique à l'intérieur, surtout à l'étranger. Malheureusement, notre corps diplomatique laisse beaucoup à désirer. Comment en serait-il autrement, puisque, depuis et malgré le triomphe de la Révolution, on s'obstine à le recruter dans la classe aristocratique? Aussi nos ambassadeurs et nos consuls, lorsqu'ils ne sont pas complices des machinations ourdies contre la République, semblent-ils se retrancher dans une indifférence superbe. Satisfaits de représenter fastueusement leur pays, ils se préoccupent plus de soutenir leur renom de grands seigneurs que de pénétrer les secrets du gouvernement près duquel ils sont accrédités et nous laissent toujours surprendre par les événements. Je ne veux pas néanmoins suspecter leurs intentions, mais si grand, si sincère que soit leur patriotisme, il n'ira jamais jusqu'à leur faire aimer la République.

Or, pour servir un gouvernement, il faut lui être dévoué corps et âme.

Dans le choix de nos agents, nous nous préoccupons surtout de l'accueil qui leur sera fait, et comme tous les gouvernements européens sont monarchiques, nous pensons leur être agréable en envoyant des ambassadeurs titrés. Si ces agents étaient de simples intermédiaires chargés de faire certaines communications, conformément aux usages internationaux, comme d'annoncer officiellement les changements de ministres, la nomination ou la mort d'un Président, s'ils avaient pour unique mission de soutenir les intérêts de nos nationaux, de leur venir en aide, de les rapatrier, de négocier des traités de commerce, il n'y aurait rien à dire ; mais ils doivent aussi observer la marche des événements, les tendances belliqueuses ou pacifiques du monarque, les dispositions de son entourage et de son conseil, ils doivent chercher à pénétrer leurs secrets, étudier l'opinion publique pour nous tenir au courant de ce qui pourrait se tramer contre la France, contre nos alliés, contre la démocratie en général.

Eh bien, ce rôle est interdit à un ambassadeur de la République, quelle que soit son habileté. Le monarque seul sait ce qu'il veut, où il va, en un mot il est seul dépositaire des secrets de sa politique, et personne, si grand seigneur qu'il soit, ne se permettrait d'interroger un monarque. Il parle, répond, se tait quand cela lui fait plaisir; on ne peut ni l'embarrasser en lui demandant d'expliquer ses contradictions ni lui arracher une indiscrétion. Son Chancelier est impénétrable comme lui, et quant à ses ministres, aux membres de ses parlements, ils connaissent ce qu'il veut bien leur apprendre et surtout les nouvelles qu'il est de son intérêt de répandre.

Tout autre est le rôle de l'ambassadeur : on l'interroge à l'improviste, on lui demande des explications, on a mille moyens de le séduire ou de l'intimider.

Il semblerait que les choses dussent se passer de la même manière pour l'ambassadeur accrédité auprès du Président de la République : c'est une erreur. Et tout d'abord, le Président de la République n'est pas, comme le Roi dans une monarchie, le grand directeur de la politique nationale; tantôt cette politique s'incarne dans le président du Conseil des ministres, tantôt dans le député ou sénateur qui fait et défait les ministères. Hier c'était Gambetta, aujourd'hui c'est M. Clémenceau, demain ce sera M. Laguerre. On peut dire du secret politique en France depuis quinze ans qu'il est le secret de Polichinelle. Les mesures les plus graves sont annoncées par les journaux avant même d'être résolues; c'est à qui des hommes d'État, des directeurs, des chefs de bureaux, des expéditionnaires, s'empressera de les colporter dans les cercles, au théâtre, au café, sur la place publique. Il faudrait qu'un ambassadeur étranger fût bien indifférent, bien antipathique, bien ladre, pour ne pas être instruit dans les plus minutieux détails de tout ce qu'il a intérêt à savoir.

Tant que nous n'aurons pas un grand Conseil, la partie ne sera donc pas égale entre la République et les monarchies ; aussi, au lieu d'un ambassadeur, *persona grata*, fonctionnaire de luxe, essentiellement monarchique, verrais-je avec satisfaction envoyer dès à présent à chaque gouvernement étranger un chargé d'affaires sérieux, instruit, patriote, qui ferait passer avant tout l'honneur et l'intérêt de son pays. Une république démocratique doit avoir des représentants libres, fiers, ennemis du faste, incorruptibles et simples comme elle.

## CHAPITRE XII.

### De la guerre et de l'armée.

En politique, le succès dépend de la netteté des conceptions; en diplomatie, de la discrétion avec laquelle sont menées les négociations; à la guerre, de la rapidité des opérations.

La rapidité des opérations dépend de la discipline et de la mesure d'initiative laissée aux agents principaux ou subalternes, lorsqu'ils ont été choisis avec discernement parmi des patriotes courageux, actifs et intelligents; elle dépend surtout de la justesse des prévisions lorsque le commandant en chef a indiqué d'avance à ses subordonnés la marche à suivre dans telle ou telle circonstance. Un fait prévu se réalise-t-il? Le lieutenant sait ce qu'il a à faire et le général ce que son lieutenant fera; on évitera ainsi les pertes de temps causées par les envois de courriers pour demander ou donner des ordres. La rapidité des opérations dépendra surtout de l'indépendance du commandement et de la subordination de tous les éléments militaires, administratifs et civils à une seule pensée directrice; c'est ce qui avait amené les Romains à nommer des dictateurs dans les circonstances critiques.

Le secret des négociations diplomatiques et des opérations militaires sera bien gardé lorsque le ministre des Affaires étrangères et le général en chef ne s'ouvriront à leurs subordonnés qu'autant que cela leur paraîtra absolument nécessaire. Ils devront l'un et l'autre tenir sévèrement à l'écart, non seulement de leurs personnes, mais encore de leurs bureaux ou de leurs armées, ces correspondants de journaux, ces prétendus médiateurs sans mandat, qui, lorsqu'ils ne sont pas des espions et des traîtres, livrent à la publicité tous les fils d'une politique ou les plans d'une campagne; qui, pour donner à leurs lecteurs la primeur d'une nouvelle, la supposent vraie quand ils la pressentent ou la jugent possible, qui l'inventent quand elle est de nature à faire sensation.

Ils tiendront encore à l'écart les femmes, aux charmes desquelles la galanterie française se laisse trop prendre, et surtout dangereuses lorsqu'elles semblent se livrer entièrement aux frivolités ou au plaisir.

Je voudrais pouvoir concilier la liberté de la presse et le respect des lois civiles et politiques avec les exigences de la lutte; mais la guerre est un état violent, exclusif de toute liberté autre que celle de servir son pays et de mourir pour lui. Il ne faudra donc pas trop compter sur le patriotisme des journaux qui pensent tous ne publier que les nouvelles dont la divulgation ne saurait nuire au succès des opérations.

On ne doit jamais mettre un homme dans la cruelle nécessité d'opter entre les intérêts généraux de son pays et les intérêts particuliers de son entreprise commerciale. Tel fait, insignifiant en apparence, publié dans un journal, rapproché d'un second fait publié dans un autre, peut donner la clef de bien des opérations et devenir gros de conséquences. Le Parlement fera donc bien, au milieu d'une crise grave, de supprimer momentanément toutes les feuilles publiques et de ne laisser la parole qu'au *Journal officiel*.

Dans un gouvernement républicain, le peuple ne doit pas suspecter constamment les intentions de ceux entre les mains desquels il a remis la défense de son honneur et de sa vie. La confiance du soldat en ses chefs, comme la confiance du Parlement en son directeur politique, sont les conditions essentielles de la victoire.

Pour trahir son pays d'ailleurs, ou son parti, il faut avoir un intérêt tout particulier. En mai 1790, Mirabeau trahit la liberté, qu'il avait si admirablement défendue, parce que, perdu de dettes, il eut un instant l'espoir de sauver la monarchie et de gouverner avec la Reine. Barnave eut la même pensée à la fin de juillet 1791 : arrêter la Révolution, sauver la royauté, gouverner avec la Reine. Dumouriez trahit la République et la France parce qu'il s'était vendu au duc d'Orléans dont il espérait faire un roi. Bazaine, avant de livrer Metz et son armée aux Prussiens, fit sans doute, comme Mirabeau et Barnave, le rêve de gouverner avec l'Impératrice. Mais ne mettez à la tête de vos armées que des soldats désintéressés et des généraux sans attaches anciennes ou récentes avec les partis monarchiques, et vous n'aurez aucune trahison à redouter.

Tout égoïste peut devenir un ambitieux, tout ambitieux peut faire un traitre ; tout traitre se croit un esprit fort et dégagé de préjugés. Défiez-vous donc des généraux qui se proclament bien supérieurs à leurs collègues et que l'intrigue pousse sans cesse en avant. Les hommes capables de commander une armée s'en doutent souvent le moins ou osent à peine le penser.

Je suis étonné qu'une monographie de la trahison, dans tous les temps et tous les pays, n'ait pas encore été entreprise par un historien sérieux; il serait utile de connaitre les nations et les formes de gouvernement qui comptent le plus de traitres, les conséquences de leurs crimes, les motifs particuliers qui les ont fait agir, les causes générales enfin de cette monstrueuse prédisposition : la haine et la vengeance, l'intérêt et l'ambition, le fanatisme politique ou religieux. Dans l'antiquité, nous voyons un roi de Sparte, Pausanias, le glorieux vainqueur de Platée, déçu dans son ambitieux projet de régner sur la Grèce entière, entretenir des intelligences avec les Perses pour asservir sa patrie; ensuite le spirituel et vicieux Alcibiade comploter avec les Spartiates la ruine d'Athènes, puis avec le satrape Tissapherne la ruine de Sparte. Deux cents ans après la destruction de l'Empire romain, le comte wisigoth Julien, pour se venger de son roi, Roderic, appelle en Espagne non seulement les ennemis de sa race, mais les adversaires implacables de sa religion. Dans les temps modernes, et sans parler du connétable de Bourbon, les royalistes livrent Toulon et notre flotte aux Anglais; les princes de la maison royale, suivis de plusieurs milliers d'émigrés, s'unissent aux Impériaux et aux Prussiens. Dumouriez, par ambition, livre aux Autrichiens le ministre de la guerre Beurnonville avec quatre commissaires républicains et essaye d'entrainer ses soldats avec lui à l'ennemi. Pichegru, par ambition et encore par jalousie, laisse écraser son collègue Jourdan, s'entend avec les émigrés, aide de ses avis le général Korsakoff, conspire avec George Cadoudal et, pour éviter un supplice mérité, s'étrangle dans sa prison. Bernadotte, après une glorieuse carrière, renonce à sa nationalité, ce qui était peu de chose, mais combat ses anciens compagnons d'armes et son pays pour conserver l'espoir de monter sur le trône de Suède, ce qui fut un crime. Moreau, par vengeance et en haine de Bonaparte, va se faire tuer dans les rangs ennemis par un boulet français. Murat, pour conserver un trône, suit l'exemple de Bernadotte. Les descendants des protestants français, exilés à la suite de la révocation de l'Édit de Nantes, se font remarquer par leur férocité parmi les Prussiens qui, en 1870, firent le plus de mal à la France. Enfin Bazaine, par la grandeur du forfait et l'importance de ses résultats, vient montrer l'abime où la corruption du sens moral, la lâcheté sénile et l'ambition aveugle peuvent précipiter un homme!

— Deux adversaires irréconciliables se rapprochent uniquement pour se tromper ou trahir leur parti; en politique, on ne peut pas distinguer l'homme privé de l'homme public, aimer le premier pour ses qualités et haïr le second pour ses opinions; aussi ai-je toujours considéré toute coalition des partis extrêmes comme œuvre immorale d'hommes sans convictions, et comme une véritable trahison. Je me figure difficilement Marat donnant la main à l'abbé Maury, ou Saint-Just soupant au Palais-Royal avec Larochejacquelein.

— Tout est perdu quand la sévérité des lois militaires se relâche, et l'on pourrait rarement trouver un manquement plus dangereux à la discipline que la grâce accordée à un général convaincu de trahison. En commuant la peine de mort prononcée contre Bazaine, Mac-Mahon a plus compromis le sort de son pays qu'en perdant les batailles de Wœrth et de Sedan; il s'est rendu par là l'inspirateur, j'oserai dire presque le complice de tous les traitres de l'avenir. Le faible Louis XV, qui laissa exécuter Lally-Tollendal, les Anglais qui fusillèrent l'amiral Byng, avaient conscience de cette vérité; et pourtant rien ne fut moins prouvé que la trahison de ces deux hommes de guerre. La Convention considérait comme traitres les généraux qui se laissaient battre ou ne tiraient pas de leurs victoires tout le parti possible. C'est ainsi qu'elle a envoyé à l'échafaud les braves et malheureux Luckner, Houchard, Custine et tant d'autres. Serons-nous forcés d'en revenir là?

— Les armées permanentes sont incontestablement un danger pour les libertés publiques et un obstacle au développement normal des institutions démocratiques. Malheureusement, entourés d'ennemis comme nous le sommes, toujours sur le qui-vive afin de déjouer les complots monarchiques, elles nous sont impérieusement imposées et nous devons les conserver jusqu'au jour où les rôles seront intervertis en Europe, c'est-à-dire lorsque les peuples républicains deviendront les plus forts. Hâtons-nous de le dire, ce ne sont pas les soldats qui sont à craindre, mais les généraux. « Le premier qui fut roi fut un soldat heureux », a dit Voltaire. Nous nous trouvons par conséquent dans l'alternative fâcheuse, ou de rechercher la paix à tout prix et de reculer sans cesse devant l'ennemi, ou bien de voir sombrer la liberté, comme au 18 Brumaire, sous les coups d'un général victorieux. Les fils de familles réactionnaires, dans l'impossibilité de s'affranchir des préjugés héréditaires, incapables trop souvent de se créer une place dans les carrières libérales, se réfugient dans l'armée où les distinctions honorifiques, les brillants costumes et les satisfactions du commandement leur rappellent le temps qui n'est plus. Le meilleur moyen de parer au danger, moyen qui semblera contradictoire au premier abord, serait d'augmenter encore nos troupes, malgré les charges accablantes imposées aux contribuables par leur entretien, et de nous constituer, dans la mesure du possible, à l'état de nation armée. Réduire le nombre des officiers généraux en les nommant plus jeunes et en les maintenant plus longtemps dans le cadre de l'activité, augmenter les officiers subalternes en facilitant leur recrutement, constituer un solide et imposant corps de sous-officiers, rejeter des rangs les sujets tarés, vicieux, endettés, ou tout au moins les parquer dans des corps spéciaux, demander à tous plus de discipline que de science, leur inspirer l'esprit de sacrifice, l'orgueil de l'homme libre, la haine de l'étranger, l'amour enflammé de la Patrie, telles devraient être la tâche de l'éducation nationale et la préoccupation constante d'un Parlement républicain. Le jour où la nation et l'armée se confondront, pour ainsi dire, rien n'arrêtera plus le développement de la démocratie et les coups d'État deviendront impossibles.

Pour empêcher le budget de la guerre de s'accroitre tout en augmentant l'armée, il suffira de réduire la durée du service militaire, au moins dans l'infanterie, à un an ou dix-huit mois. Cela sera possible sans compromettre l'instruction et la solidité des troupes si nous développons les bataillons scolaires, les sociétés de tir et de gymnastique, et surtout si nous créons des bataillons d'adultes de seize à vingt ans. Dès lors plus d'exemption pour personne, car la courte durée du service permettrait d'indemniser les veuves et les vieux parents pendant le temps que leurs soutiens naturels passeraient sous les drapeaux.

— La discipline est compromise lorsqu'on tolère, dans les rangs, des officiers habitués au luxe et dont les revenus ne suffisent pas à payer les dépenses. Non seulement leur exemple produit des ravages, mais ils sont amenés souvent à l'emploi de moyens blâmables pour se procurer des ressources : les paris, le jeu, deviennent leur unique occupation ; ils perdent l'amour du travail et les traditions chevaleresques ; ils sont tout disposés à vendre leurs services au premier prétendant venu, assez riche pour payer leurs dettes. La générosité de Louis-Napoléon, après le coup d'État du Deux-Décembre, générosité facile puisque ce sont les contribuables qui en ont fait les frais, explique les regrets laissés dans l'armée par le régime impérial.

— Lorsqu'un plan de campagne, arrêté à l'avance, a été pleinement accepté par le général chargé de l'exécuter, il ne faut pas que des ordres partis de la capitale viennent à chaque instant en modifier les dispositions. Le ministre de la guerre Vaillant était de cet avis quand il écrivait au général Saint-Arnaud, en Crimée : « Je vous ai dit souvent que ce n'était ni des ordres, ni des instructions, ni même de simples conseils que vous portent mes lettres ; ce sont mes appréciations, rien de plus. Je ne puis avoir l'intention de diriger à distance ; je fais ce que vous feriez à ma place, je vous explique comment je comprends les choses, comme je les vois ; vous êtes sur les lieux mêmes, et, par conséquent, vous devez les juger avec bien plus de netteté. »

— Un peuple, a-t-on dit, est plus fort sur son propre sol qu'au dehors. Cela peut être vrai pour celui qui, pauvre, mal organisé, mal discipliné, vit dans un pays de montagnes, dans des steppes arides ou des sables brûlants ; cela est faux pour une nation riche, civilisée et habituée à toutes les douceurs de la paix.

Une armée bien organisée sera toujours plus facilement victorieuse sur le territoire ennemi que dans son pays. Elle n'y sera pas gênée par la crainte de nuire à ses concitoyens en les réquisitionnant, en leur imposant des corvées pénibles et coûteuses, en leur faisant creuser des fossés ou élever des retranchements ; elle ne s'y détournera pas d'un village, d'une ville, pour ne pas les brûler ; elle y observera une plus exacte discipline, les hommes étant peu disposés, dans la crainte des surprises, à s'écarter ou à s'oublier au milieu d'une population hostile ; elle n'hésitera pas à y lever des contributions forcées ; elle y ménagera moins les vivres et le matériel fournis par l'ennemi ; elle y aura enfin ce ressort immense que donne le danger au marin perdu au milieu de l'Océan en courroux, ou à l'aéronaute planant au-dessus des nuages.

Souvent victorieux au dehors, nous avons toujours été vaincus sur notre propre sol : Crécy, Poitiers, Azincourt, Waterloo, Frœschwiller, Sedan, sont là pour le prouver. Il en a été de même chez les Romains : vaincus en Italie par les Gaulois sur les bords de l'Allia, par Annibal sur les bords du Tessin, de la Trébie, du lac de Trasimène et à Cannes, par Pyrrhus à Héraclée, à Asculum, ils ont écrasé peuples et rois au dehors et subjugué toute la terre connue. Nous faisons donc fausse route en organisant une armée purement défensive, d'autant plus que les tendances naturelles du caractère national font de nos soldats des hommes d'attaque plutôt que de résistance.

— Autrefois, c'était un principe de tactique militaire de laisser une issue à l'ennemi vaincu pour ne pas le pousser au désespoir ; aujourd'hui, j'estime qu'il faut l'écraser sans fausse pitié. Évitons la guerre quand elle ne nous est pas imposée par la nécessité, mais faisons-la avec toutes ses conséquences, pour ne pas être obligés de la recommencer plus tard.

— Opposer à l'ennemi deux ou trois hommes contre un, tel est l'art suprême du tacticien. Il serait donc imprudent de se borner à proportionner l'effort de l'attaque à l'importance de la résistance ; premièrement, parce qu'on n'est jamais certain de connaître celle-ci à l'avance ; secondement, parce qu'elle peut être augmentée par l'avantage de la position ; enfin, parce qu'on en triomphera d'autant plus vite qu'elle sera plus faible. Si le temps est précieux, c'est surtout à la guerre. Quand le sort d'un peuple est en jeu, les sentiments chevaleresques doivent être mis de côté, comme la générosité dans les transactions commerciales.

— Le Français admire le sens pratique des Anglais, des Allemands, des Américains, sans doute parce que ce sens lui a trop souvent fait défaut. Manquer de sens pratique, c'est être victime de l'ignorance, de la routine, des préjugés, mais surtout la dupe de son cœur. Nous ne sommes plus assez riches pour payer notre gloire, nous ne sommes plus assez puissants pour être chevaleresques, nous n'avons plus assez d'esprit pour faire la bête.

---

## CHAPITRE XIII.

Des revendications de territoire qui s'imposent à la République française. Doivent-elles comprendre seulement l'Alsace-Lorraine ou s'étendre à toutes les provinces formant autrefois la Gaule romaine et franque? Preuves juridiques et politiques de nos droits sur ces provinces.

La revendication des provinces détachées du vieux sol national, qui s'impose à la République française, est fondée tout à la fois sur des motifs juridiques et sur des motifs politiques. L'Alsace-Lorraine, la Belgique, le Luxembourg, la Bavière rhénane, les portions du grand-duché du Bas-Rhin et de la Hesse-Darmstadt, situées sur la rive gauche du grand fleuve, sont des terres gauloises sorties du domaine principal par suite des vicissitudes de l'hérédité féodale ou des violences de la guerre, et toujours sans l'assentiment exprès ou tacite des populations. Ces annexions sont des troubles à notre jouissance séculaire, à nos droits imprescriptibles, nous allons le démontrer sans peine.

La Germanie, pas plus que la Gaule, n'a jamais contenu une race homogène et bien caractérisée; elles étaient toutes deux des confédérations, ou mieux, des agglomérations de peuplades, d'origine souvent diverse. La Gaule, envahie par les Romains d'abord, ensuite par les Francs, les Burgondes, les Wisigoths, n'a pas cessé pour cela d'être la Gaule. Tous ces peuples, réunis par des intérêts communs, parce qu'ils habitaient un territoire géographiquement distinct du reste du continent, se sont fusionnés plus ou moins avec les Gaulois aborigènes à la suite de rapports incessants; une langue dominante, dont les racines sont surtout latines, s'est formée, mais n'a pas empêché chaque peuplade de conserver tant bien que mal son idiome particulier; on a continué à parler le flamand dans le Nord, l'allemand dans l'Est, le provençal, le basque et un certain jargon espagnol dans le Midi, le breton ou le celtique dans l'Ouest, sans compter d'autres idiomes caractéristiques comme les patois auvergnat et vosgien.

La Germanie, envahie par les Danois, les Frisons, les Slaves, les Wendes, les Bavarois, les Saxons, les Bohémiens, les Moraves, les Avares, les Huns, les Goths, les Hongrois, n'a pas, elle aussi, cessé pour cela d'être la Germanie; mais la fusion des idiomes n'y a pas été entravée, comme en Gaule, par la présence d'une langue savante, consacrée depuis des siècles par des monuments littéraires remarquables et qui n'a pas tardé à s'imposer aux clercs, aux seigneurs, et à la partie aisée de la population; la vieille langue germanique a donc prévalu, pas assez cependant pour empêcher quelques idiomes de se perpétuer. Au point de vue physique, le mélange des races ayant été moins fréquent et moins complet que chez nous, puisque les envahisseurs de la Germanie avaient à peu près la même origine, le sang germain s'est aussi moins modifié et a conservé plus fidèlement les caractères primitifs et grossiers des aborigènes : signe d'infériorité, assurément, car le perfectionnement intellectuel et même physique, chez l'homme comme chez les animaux, résulte des croisements. La masse de la chair et la puissante charpente osseuse ne constituent ni la force ni la beauté ; aussi n'est-ce généralement pas du Nord que nous viennent ces types de souplesse et de vigueur qu'on admire de loin en loin.

I. — Pour établir les droits respectifs de la France et de l'Allemagne, nous devons donc embrasser la période écoulée depuis les temps véritablement historiques, c'est-à-dire depuis la conquête des Gaules par Jules César (50 ans avant Jésus-Christ) jusqu'à nos jours. Prenons, en conséquence et tour à tour, les provinces détachées aujourd'hui du sol national et voyons pendant combien de temps elles ont appartenu à l'une ou à l'autre contrée.

Dans cette période de 1,920 ans, écoulée depuis la conquête de notre pays par les Romains jusqu'en 1870, l'Alsace a fait partie de la Gaule romaine et franque pendant 919 ans. Lorsqu'à la mort de Lothaire II, petit-fils de Louis le Débonnaire, l'Alsace fut détachée de la France (869), elle se partagea en Haute-Alsace (Sundgau) et en Basse-Alsace, qui se subdivisèrent elles-mêmes en souverainetés distinctes et en villes libres. Le Sundgau (Ferrette, Belfort, Altkirch, Huningue, Thann) appartint à l'Autriche vers 1319 et tomba sous la domination de Charles le Téméraire en 1469. Mulhouse, située dans cette partie de l'Alsace, était déjà ville libre en 1275, mais elle s'unit à la Confédération suisse pour se protéger contre les souverains allemands.

La Basse-Alsace ne comprenait pour ainsi dire que des villes libres dont Haguenau devint la capitale vers 1354. Strasbourg fut également une ville libre pendant presque tout le moyen âge, gouvernée par ses évêques d'abord, par ses échevins ensuite. L'Alsace est redevenue exclusivement française à partir de 1648, sous Louis XIV, et l'est restée jusqu'en 1870, pendant 222 années. Elle a donc été rattachée à l'Allemagne par des liens plus ou moins intimes depuis la mort de Lothaire II, arrivée en 869, jusqu'en 1648, c'est-à-dire pendant 779 ans, alors qu'elle a appartenu complètement, en fait et en droit, à notre pays pendant 1,141 ans.

Durant cette même période de 1,920 ans, la Lorraine a fait partie de la Gaule romaine et franque jusqu'à la mort de Charles le Gros, arrivée en 885, époque à laquelle elle devint le patrimoine de Louis le Germanique, fils de Louis le Débonnaire. Dix ans plus tard, elle échut à Zwentibold, fils d'Arnoul, roi de Germanie. A partir de 900, elle oscille entre la France et l'Allemagne, tour à tour à Louis l'Enfant, à Charles le Simple (911), à Henri l'Oiseleur (939), à Louis d'Outremer (949), à Henri Ier (940), à Othon le Grand. Elle se partage enfin en duché de Basse-Lorraine, qui resta constamment français, puisqu'il appartint à Charles, oncle de Louis V le Fainéant, à Godefroy de Verdun (1004), à Godefroy de Bouillon (1058) et enfin à Godefroy le Barbu (1106), tige des ducs de Brabant; et en duché de Haute-Lorraine, comprenant, outre la Lorraine proprement dite, le Luxembourg, le territoire de Trèves et une partie de l'Alsace. La Haute-Lorraine appartint d'abord à Frédéric, comte de Bar, et à ses descendants jusqu'en 1032, époque où l'empereur Henri III la donna à Gérard d'Alsace, moins les villes de Metz, Toul et Verdun, qui devinrent villes libres impériales. Les vingt-six ducs de Lorraine, successeurs de Gérard, se lièrent plus ou moins étroitement avec les rois de France et se mirent plus d'une fois à leur service ; mais s'ils ne furent pas véritablement leurs vassaux, ils adoptèrent notre langue, nos usages et gravitèrent constamment dans notre orbite.

Les Prussiens, en revendiquant ce que nous avions coutumé d'appeler la Lorraine allemande à cause du patois d'origine germanique qu'on y parle, ont soutenu qu'ils redemandaient purement et simplement ce qui avait été enlevé autrefois illégalement et perfidement à l'Allemagne.

« Or, dit M. Henri Lepage, archiviste du département de Meurthe-et-Moselle, le bailliage lorrain dit bailliage d'Allemagne, d'après le dénombrement des possessions du duché de Lorraine rédigé en 1594 par Thierry Alix, président de la Chambre des comptes de ce duché, comprenait la prévôté de Sierck, le Merzig et le Sargau, l'office et châtellenie de Schambourg, l'office et châtellenie de Siersberg, l'office de Vaudrevange, la terre et seigneurie de Berus, la terre et seigneurie de Forbach, l'office et châtellenie de Sarreguemines, la terre et seigneurie de Faulquemont, la terre et seigneurie de Puttelange, la terre et seigneurie de Morhange, la châtellenie de Marimont, la châtellenie de Dieuze, sans parler de Sarrebourg, de Bitche, de Phalsbourg, de Hombourg, de Saint-Avold, de la terre de Sareich, du val de Liepvre, de Saint-Hippolyte et de Soultzbach.

« Si maintenant nous consultons les circonscriptions secondaires du bailliage d'Allemagne, nous verrons que celui-ci s'étendait bien au delà des limites assignées à ce que l'on nomme à tort de nos jours la Lorraine allemande.

« La prévôté de Sierck comprenait beaucoup de localités

appartenant aux cercles aujourd'hui prussiens de Merzig, Saarburg et Saarlouis. Elle avait des enclaves jusque dans l'électorat de Trèves, au delà de cette ville, notamment les deux fiefs lorrains de Pomern et de Riol, sis au comté de Felle.

« Le Merzig et le Sargau ne comprenaient que des lieux appartenant aux cercles prussiens de Merzig et de Saarburg.

« La châtellenie de Schambourg s'étendait sur les mêmes cercles, plus sur ceux d'Ottweiler, Saarlouis, Saint-Wendel, Trèves-campagne, et jusque dans le grand-duché d'Oldenbourg. Le chef-lieu de cette châtellenie était un château détruit depuis plusieurs siècles et sur l'emplacement duquel s'élève la ferme de Schaumberg, près de Tholey.

« Le chef-lieu de l'office de Siersberg était également un château, ruiné au XVIIe siècle, et situé à deux lieues environ au Nord de Saarlouis. Les localités que renfermait cette circonscription étaient toutes des cercles prussiens de Saarburg, Merzig et Saarlouis.

« L'office de Vaudrevange, aujourd'hui Wallerfangen, bourg du cercle de Saarlouis, ne comptait que des villages de ce dernier. Au même cercle appartenaient plusieurs lieux de la seigneurie de Berus ; les autres étaient du département de la Moselle. Enfin les offices de Boulay et de Sarreguemines comptaient aussi quelques localités des cercles de Saarlouis et de Saarbrücken ; Gräfenthal, du canton bavarois de Blieskastel, dépendait de Sarreguemines. »

Je discute ces questions de détail par suite de la vieille habitude que j'ai de m'incliner devant le droit et la vérité historique ; ce sont des raisons qu'il ne faudrait pas employer quand on plaide avec la Prusse, je le sais ; heureusement, nous aurons à lui opposer, quand le moment sera venu, d'autres arguments dont elle sera bien forcée, si confiante qu'elle soit dans sa force, de reconnaître la portée et la valeur. La Haute-Lorraine est donc restée exclusivement gallo-romaine et franque pendant une durée de 935 ans ; elle est redevenue française depuis 1632, sous Louis XIII, jusqu'en 1870, c'est-à-dire pendant 238 ans, soit en tout pendant 1,173 ans, alors qu'elle est restée indépendante pendant 747 ans.

La Belgique, partie intégrante de la Gaule romaine et franque jusqu'en 843 (traité de Verdun), c'est-à-dire pendant 893 ans, a été réunie à la Lotharingie franque d'abord, à la Haute-Lorraine ensuite, sous les ducs de Brabant jusqu'en 1430, nous venons de le voir, puis à la Bourgogne depuis 1430 jusqu'à la mort de Charles le Téméraire, en 1477, c'est-à-dire pendant 634 ans (de 843 à 1477) ; elle fut réunie aux Pays-Bas et comprise depuis 1549 dans le cercle de Bourgogne établi par Charles-Quint. Sous Philippe II, elle se divisa en deux parties : l'une appartenant à la république des Provinces-Unies, l'autre aux Pays-Bas espagnols ; le traité d'Utrecht donna ceux-ci à l'Autriche jusqu'en 1797, où le traité de Campo-Formio les attribua à la France.

Redevenue exclusivement française pendant 18 ans, de 1797 à 1815, la Belgique a donc fait partie intégrante du domaine national durant 1,545 ans, alors qu'elle a appartenu tour à tour à l'Espagne, à l'Autriche, à la Hollande ou qu'elle est restée indépendante, seulement pendant

375 ans. Remarquons, en passant, que la Lorraine et la Belgique n'ont, à aucune époque de l'histoire, été parties intégrantes de l'Allemagne.

Quant au provinces rhénanes, situées sur la rive gauche, elles ont appartenu à la Gaule romaine et franque jusqu'en 888, c'est-à-dire pendant 938 ans; elles sont devenues la propriété des électeurs ecclésiastiques de Cologne, de Trèves et de Mayence, sans parler d'un grand nombre de petits princes plus ou moins puissants, puis elles ont été réunies à la France de 1796 à 1815, soit en tout pendant 957 ans, alors qu'elles ont fait partie de l'Allemagne pendant 963 ans.

Ajoutons, chose très importante, que les premiers habitants de toutes ces contrées, d'origine celtique et non germaine, étaient les Aduatuques (Namur), les Ménapiens (Hainaut, Brabant), les Trévires (Trèves), les Triboques (Mayence, Strasbourg), les Médiomatrices (Metz), les Némètes (Spire), les Rauraques (Bâle), etc., et qu'à part une faible addition de sang romain et germain, ce sont encore leurs descendants qui peuplent aujourd'hui toute la rive gauche du Rhin.

Mais, dira-t-on, si les droits de la France sur la Lorraine, la Belgique et le Luxembourg sont incontestables, puisque ces trois provinces n'ont jamais appartenu à l'Allemagne, il y a au moins doute en ce qui concerne l'Alsace, et, quant aux provinces rhénanes, la prescription est acquise en faveur de nos compétiteurs, car les temps de la Gaule romaine et franque sont bien loin! Cependant il est de principe que la prescription est interrompue par le fait même de la revendication; or, depuis plus de mille ans, la France et l'Allemagne se disputent ces provinces; elles étaient encore entre nos mains au commencement du siècle, et à l'heure présente elles se régissent toujours par nos lois. D'ailleurs, quelle autorité a fixé la durée nécessaire pour acquérir par la prescription toute une contrée? La possession doit-elle être trentenaire, centenaire, millénaire? Doit-elle être paisible, publique, ininterrompue? Y a-t-il un droit des gens qui règle cette question? La vérité, c'est qu'un territoire national est imprescriptible, l'Europe l'a reconnu en reconstituant la Grèce; tous les auteurs qui ont traité du droit des gens l'ont affirmé; car, disent-ils, la force ne peut conférer aucun droit; tout pays qui n'a pas accepté expressément ou tacitement la souveraineté du vainqueur, peut secouer le joug qui pèse sur lui, reprendre son indépendance ou réclamer la nationalité de son choix.

Si les rois de Prusse ont quelquefois respecté la propriété privée, ils ne se sont jamais fait le moindre scrupule de méconnaitre les droits des peuples. Le poète l'a dit :

> Ce sont là jeux de prince,
> On respecte un moulin, on vole une province.

Nos droits, au point de vue juridique, sur l'ensemble de ces contrées sont donc bien établis, puisque la durée de notre paisible et légitime possession a subi seulement quelques interruptions sans importance, si l'on rapproche la durée de ces interruptions de la période dix-neuf fois séculaire que nous avons embrassée.

Pour justifier ses conquêtes, la Prusse se prévaut : 1° des droits de suzeraineté qu'avait l'empire d'Allemagne sur tout ou partie de ces contrées; 2° de la langue allemande qui s'y trouve très répandue. Je me suis expliqué déjà au sujet de la langue; néanmoins, je constate que dans les provinces rhénanes, l'Alsace, la Lorraine annexée et le grand-duché de Luxembourg, sur une population de trois millions d'habitants, plus de six cent mille parlent le français; et qu'en Belgique, sur une population de plus de cinq millions d'habitants, plus de quatre millions parlent notre langue alors que les autres parlent, non l'allemand, mais le flamand.

Quant aux droits que la Prusse prétend tenir de l'ancien empire d'Allemagne, il suffira de quelques mots pour en faire bonne justice. Et d'abord, l'empire actuel n'est ni la continuation, ni la résurrection de celui qu'on nommait le Saint-Empire. Ce dernier était catholique et autrichien, l'empire de l'Allemagne du Nord est protestant et prussien. Le premier était électif et constituait la forme la plus élevée du régime féodal; les provinces qui en dépendaient jouissaient d'une autonomie presque complète; mais le second est héréditaire et centralisateur. Les provinces, duchés et royaumes dont il est composé, sont de pures circonscriptions administratives, car c'est par un euphémisme dont personne n'est dupe qu'on parle encore du grand-duché de Bade, du royaume de Wurtemberg, du royaume de Saxe, du royaume de Bavière; les princes jouissant de grasses sinécures, recevant du public et des fonctionnaires les mêmes marques de respect, ne se plaignent guère d'être déchargés du fardeau des affaires. Quant aux peuples, plus attachés à leur nationalité, ils ont beau se défendre d'être devenus prussiens, ils ne pourront jamais échapper à ce dilemme : ou la Prusse s'est fondue dans l'Allemagne du

Nord, ou les provinces du nouvel empire ont été conquises et englobées par la Prusse. Cherchez le maître, vous trouverez sans peine les sujets. Est-ce que les affaires étrangères, l'armée, la flotte, les chemins de fer, les postes et les télégraphes ne dépendent pas de l'Empereur seul ? N'est-ce pas là le signe du pouvoir suprême ? Est-ce que l'Empereur, autrefois élu, n'est pas nécessairement aujourd'hui et ne sera pas toujours le roi de Prusse ? Peu à peu, d'ailleurs, toutes ces petites dynasties allemandes disparaîtront et leurs biens privés tomberont dans le gouffre du domaine impérial : ce qui s'est passé en 1866 pour le royaume de Hanovre et le duché de Nassau, ce qui se passe actuellement au sujet du duché de Brunswick, devrait convaincre les plus incrédules. Le Parlement de l'Allemagne du Nord, seule garantie de l'autonomie des royaumes et principautés dont elle est composée, n'a aucune autorité sérieuse ; le Chancelier le dirige à sa guise, ou bien il méconnait ses décisions lorsqu'elles lui sont défavorables. « La république, dit-il, commence là où un parlement peut forcer le souverain à faire ce qu'il ne ferait pas de sa propre volonté. Je me suis imposé la tâche de faire en sorte que cette limite ne soit jamais atteinte. *Je ne veux pas* que le Parlement accepte ou impose des projets de loi de sa propre initiative : il n'est pas le seul maître du pays et ne le sera jamais, car le régime parlementaire n'est pas un régime monarchique. »

Si les mots n'ont pas, depuis peu, changé de signification, voilà ce qui s'appelle parler en maître ! Les Bavarois, les Saxons, les Wurtembergeois, les Badois peuvent se le tenir pour dit.

Vainement encore la Prusse soutient-elle que les provinces rhénanes, l'Alsace et la Lorraine dépendaient du Saint-Empire : cet empire n'existe plus, Napoléon l'a détruit ; il n'a pas été remplacé par l'empire actuel qui n'a pu, par conséquent, être subrogé dans ses droits, si droits il y avait. La Franche-Comté, la Lorraine française avec les Trois-Évêchés, la Flandre, le Hainaut, le Brabant, le Luxembourg, etc., étaient aussi des pays d'Empire; cependant, jusqu'à ce jour, la Prusse n'a pas osé les revendiquer, Metz exceptée.

II. — Les motifs politiques de nos revendications, sans avoir la même valeur que les motifs juridiques, ne laissent pas cependant d'avoir leur importance. Si les habitants de ces provinces, que j'appellerai provinces litigieuses, ne parlent pas tous notre langage, ils sont du moins régis depuis des siècles par nos lois, ils ont participé à notre civilisation, ils ont gravité dans notre orbite et subissent encore, malgré tout, notre puissance d'attraction. Et comment ne la subiraient-ils pas alors que le monde civilisé tout entier a les regards tournés vers nous, qu'il a une tendance constante à imiter nos réformes sociales, nos arts, notre littérature, nos modes et jusque nos travers? Invoqués seuls, les motifs politiques n'auraient qu'une valeur relative ; réunis aux motifs juridiques, à ces raisons devant lesquelles toute conscience s'incline, ils acquièrent une singulière force.

A l'époque où les principes de la monarchie constituaient la loi politique de l'Europe, la France ne pouvait s'appuyer que sur les motifs juridiques; mais depuis que notre grande Révolution est venue introduire un droit nouveau dans le monde, depuis qu'elle a proclamé la liberté des peuples et donné naissance au suffrage universel, nous ne pouvons plus séparer les seconds des premiers. L'appel d'un Napoléon III aux provinces litigieuses eût risqué très fortement de n'être pas entendu : entre un aventurier, prodigue du sang et de l'argent de ses sujets, et un roi absolu, mais relativement paternel, le choix eût été au moins indifférent, l'honneur d'être Français compensant alors médiocrement les charges et les dangers auxquels un Bonaparte les eût exposées. Aujourd'hui, la situation n'est plus la même ; nous savons à quoi nous en tenir au sujet des sauveurs et des hommes providentiels ; la Révolution, de nouveau triomphante, a repris son œuvre de régénération ; elle a fait des Français des citoyens, maîtres, sinon de leurs destinées, du moins de leurs résolutions ; elle les a remis dans le chemin de la prospérité, de l'honneur, de la gloire même, et si l'on pouvait lire au fond de la conscience des hommes de cœur, même des Allemands les plus enivrés de leurs derniers succès, on y verrait qu'aucune condition sur terre n'approche de celle d'un homme vraiment libre.

Au contraire, l'Allemagne qui, jusqu'en 1870, n'avait que des princes et des rois, a maintenant un empereur en plus, sans parler des charges tous les jours plus grandes nécessitées par cette nouvelle organisation et ce resserrement des liens autocratiques. Nous marchons aux conquêtes morales par l'honnêteté, la liberté, le progrès ; l'Allemagne marche aux conquêtes territoriales par la ruse, la violence, le despotisme, et le principe même de sa constitution politique la pousse irrésistiblement dans cette voie. En un mot, nous tendons à la fédération des peuples constitués en républiques, alors que la Prusse aspire à la monarchie universelle. Nous le prouverons plus loin. Nos droits juridiques et politiques sont si évidents, si incontestables, que le prince de Bismarck, logicien de première force, ne les a méconnus qu'en émettant cet aphorisme monstrueux : la force prime le droit.

Le droit politique, issu de la Révolution de 1789, mais confirmé par ces principes de justice acceptés dans tous les temps et tous les pays, rend les peuples civilisés absolument maîtres de disposer de leur sort, aussi, je n'hésite pas à le dire, les droits juridiques et politiques les mieux établis ne sauraient prévaloir contre ce droit primordial. Le gouvernement de la République française, incarnation la plus haute en Europe du droit politique nouveau, devra donc consigner dans les motifs de ses revendications l'expression de la volonté des populations et ne mettre ses moyens d'action qu'au service de cette volonté.

Nous n'aurons pas à provoquer dans l'Alsace-Lorraine une manifestation du sentiment public : occupée depuis quinze ans par la Prusse, cette contrée n'a jamais répudié son attachement à la France ; tous ceux de ses enfants qui peuvent repousser la nationalité allemande sans compromettre l'avenir ou la fortune de leur famille, émigrent chez nous ; ceux que la dure nécessité retient au sol, manifestent périodiquement leur volonté en votant pour les candidats de la protestation.

Les habitants de la Belgique, du Luxembourg et des provinces rhénanes, qui se seraient jetés dans nos bras en 1830, n'ont plus à notre égard les mêmes sentiments ; beaucoup se sont refroidis, les autres nous sont devenus franchement hostiles.

La Belgique, française cependant par le langage, les

mœurs, les lois, la religion, a vécu longtemps libre et heureuse sous une royauté constitutionnelle; elle a échappé à nos vicissitudes politiques, aux hontes du coup d'État, aux désastres de 1870, et il nous faudrait un singulier retour de la fortune pour la décider à troquer cette situation modeste mais paisible, contre une annexion qui la ferait participer aux luttes et aux dangers que la République aura certainement à soutenir et à courir, dans un avenir prochain, au milieu de l'Europe monarchique. Mais cette quiétude ne durera pas éternellement, la Belgique doit commencer à le comprendre; sa neutralité, véritable brevet de faiblesse qui la place sous la tutelle de ses puissants voisins, la met complètement à leur merci. La Hollande est convoitée par la Prusse depuis longtemps; une fois ce petit royaume conquis, Anvers ne tardera pas à être revendiqué comme une annexe des Pays-Bas et leur meilleur rempart du côté de la France; puis les vainqueurs n'attendront guère pour rappeler à toutes les populations flamandes et wallonnes que leur pays a été pendant deux siècles un des plus beaux fleurons de la couronne du Saint-Empire. On leur persuadera, à coups de canon, s'il le faut, que le flamand, comme le hollandais, est un dérivé de l'allemand, et qu'un peuple parlant flamand ne saurait avoir un autre souverain que l'empereur d'Allemagne. Léopold II, prince allemand de cœur et de naissance, se résignera sans peine à figurer avec ses parents, les rois de Wurtemberg, de Saxe, de Bavière, dans le cortège impérial, et le maintien d'une grosse liste civile le consolera assurément de sa vassalité. Le peuple belge n'envisagera peut-être pas la situation du même point de vue : entre l'autocratie prussienne et la démocratie française son choix ne sera pas douteux, nous l'espérons du moins.

Le grand-duché de Luxembourg, comme la Belgique, vit heureux et paisible depuis 1830, depuis surtout le départ de la garnison prussienne qui occupait sa capitale. Le lien dynastique qui le rattache à la Hollande entraînera-t-il son annexion à la Prusse après la conquête de la première? La Prusse l'invoquera, cela n'est pas douteux, sans compter qu'elle fera valoir l'usage presque général d'un patois allemand dans les populations rurales du Grand-Duché; et ce petit pays, à l'instar de ce qui s'est fait pour la Lorraine, restera partagé en deux, une moitié appartenant à l'Allemagne, l'autre à la Belgique, en attendant que dans son amour pour la régularité la Prusse revendique le Luxembourg belge comme il revendiquera un jour ou l'autre la Lorraine française. Les rois de Prusse, nous le savons depuis longtemps, sont de vrais pères pour leurs sujets.

Dans les provinces rhénanes, complètement germanisées, presque prussifiées, notre influence est actuellement nulle, je le reconnais. Il ne reste absolument rien chez elles de l'époque gauloise; de la domination romaine quelques noms de lieu et quelques belles ruines, seulement; les souvenirs des Mérovingiens et des Carlovingiens s'y sont effacés, et si les pédants d'Outre-Rhin les exhument de temps à autre, c'est pour les transformer en souvenirs allemands: pour eux, les rois francs étaient des Prussiens, et Charlemagne l'un des ancêtres et des prédécesseurs de l'empereur Guillaume. En 1830, on y retrouvait les vieux soldats, les fonctionnaires de la République et de l'Empire, les espérances, les enthousiasmes qu'avait fait naitre la grande Révolution;

mais aujourd'hui nous n'agirons sur ces populations qu'en les intéressant à notre prospérité commerciale et industrielle, en développant nos institutions démocratiques, en relevant le prestige du nom français. Ces habitants des bords du Rhin n'aiment pas la Prusse, mais ils ont été malheureusement éblouis par ses récentes victoires ; ils s'enorgueillissent de porter le casque à pointe, et leur morgue, comme celle d'ailleurs des Bavarois, des Saxons, des Wurtembergeois, n'a plus de bornes depuis que Bismarck, les associant à sa gloire, leur a dit : Maintenant, vous êtes le peuple prédestiné, vous êtes plus que des hommes, vous êtes des héros, des demi-dieux, presque des Prussiens !

---

## CHAPITRE XIV.

Des dangers dont l'empire prussien menace l'Europe. — L'acceptation définitive de la situation présente, créée par les traités de 1815 et de 1871, entraînerait notre déchéance et condamnerait la démocratie européenne à un avortement complet.

Pour tout esprit clairvoyant, la Prusse glisse sur une pente où ni la prudence de la couronne, ni l'habileté de ses hommes d'État ne pourront l'arrêter. Elle a revendiqué le Schleswig, le Holstein, le Lauenbourg, l'Alsace et la Lorraine au nom de l'unité allemande; tant que cette unité ne sera pas accomplie, son œuvre restera nécessairement imparfaite. Recherchons donc sur la carte quelles sont, en dehors de l'Allemagne du Nord, les provinces dont l'annexion lui est indispensable pour réaliser cette ambitieuse pensée.

A tout seigneur, tout honneur! L'empereur d'Autriche ne règne pas seulement sur neuf millions d'Allemands, il est encore le successeur direct de ces princes de la maison de Habsbourg sur la tête desquels les électeurs ont posé pendant si longtemps la couronne suprême; il fait non seulement échec à l'ambition de la Prusse comme prince allemand, mais il n'a pas cessé d'être, pour la maison de Hohenzollern, le rival redoutable écarté momentanément par la victoire de Sadowa. L'alliance qu'il subit depuis quelque temps indique clairement les projets de la chancellerie prussienne; celle-ci tâche d'apaiser ses ressentiments, d'endormir sa vigilance, elle le pousse vers l'Est, elle cherche à lui tailler un empire dans la péninsule des Balkans qui, réuni à ses possessions hongroises, bohémiennes, tchèques, slaves et polonaises, le dédommagerait de la perte de Vienne et de ses provinces allemandes: Basse et Haute-Autriche, Salzbourg, Tyrol, Vorarlberg, Styrie et Silésie méridionale. La Prusse ne pourra revendiquer la Bohême et la Moravie, où les Tchèques sont en grande majorité, qu'en invoquant un motif politique, c'est-à-dire la nécessité d'arrondir le domaine germanique. En effet, ces deux provinces, entourées au Nord-Est et au Nord par la Silésie et la Saxe, à l'Ouest par la Bavière, le seraient encore au Sud par les provinces de l'Autriche que l'Allemagne du Nord s'annexerait; elles s'enfonceraient comme un coin au milieu de l'empire et en rompraient l'unité. Par la force des choses, et malgré l'infériorité incontestable de la population allemande en Bohême et en Moravie, la Prusse se verra donc contrainte de les occuper pour compléter son œuvre.

Les peuples, les hommes d'État de tous les pays de l'Europe, les événements, la fortune elle-même, tout semble aujourd'hui conspirer en sa faveur et encourager son audace, tant le genre humain, *servum pecus*, a d'admiration pour la force! La dislocation de l'empire ottoman, préparée avec autant d'habileté que de persévérance par la Russie et l'Angleterre, ne servira qu'à la Prusse; elle a déjà permis au prince de Bismarck de pousser les armes autrichiennes dans l'Herzégovine et la Bosnie; avant peu, cet habile politique les y engagera plus avant, car le Sultan affolé vient de confier la direction de ses flottes et de ses armées à des officiers allemands. Les compères sont dans la place où ils vont tout préparer pour une invasion autrichienne, au détriment de la Russie. La conduite des Anglais à Chypre, en Égypte et dans le Soudan, prouve qu'ils ont lu depuis longtemps dans le jeu du grand Chancelier.

J'avais écrit ces lignes lorsqu'une brochure, imprimée récemment à Düsseldorf, est venue confirmer mon appréciation. « Une ère nouvelle, dit-elle, s'ouvre devant l'Autriche : la fondation d'un empire de l'Est qui rattachera l'antique empire danubien aux traditions les plus brillantes de son histoire, au temps où les armées impériales anéantirent la puissance militaire turque dans tant de glorieuses batailles. C'est elle, et non pas la Russie, qui est l'État civilisateur de la presqu'île des Balkans et de la Turquie d'Europe.

« L'empire slave de l'Est, que formera bientôt l'Autriche, en majeure partie avec ses propres Slaves et ceux de la Turquie d'Europe, doit différer par sa base de l'empire slave de Russie, car autrement l'Autriche travaillerait pour le panslavisme russe, qu'elle doit au contraire endiguer. C'est la religion qui doit faire cette différence : ici, l'empire slave catholique romain ; là, l'empire gréco russe ! » Et l'auteur anonyme laisse passer le bout de l'oreille en affirmant que la capitale de ce nouvel empire ne sera certainement pas Constantinople, réservée sans doute au pape expulsé de Rome, mais Andrinople ou une ville nouvelle. Voilà donc l'Autriche rejetée vers l'Est, car sa capitale ne sera pas non plus Vienne, dont on ne parle pas, Vienne, ville allemande nécessaire, comme toutes les provinces allemandes de l'Autriche, à la réalisation de l'unité germanique, objectif suprême de la politique du prince de Bismarck et de la Prusse.

Ce ballon d'essai, évidemment lancé par la chancellerie prussienne, peut cependant fournir des armes contre sa politique. En effet, si la différence des religions rend le panslavisme impossible, s'il doit y avoir un empire slave catholique et un empire slave gréco-russe, l'Autriche ne pourra-t-elle pas soutenir avec raison que la différence des religions rend également impossible le pangermanisme, et qu'il doit y avoir un empire allemand protestant et un empire allemand catholique? Plaise à Dieu, dans l'intérêt de la civilisation et de la liberté en Europe, que la logique ait au moins une fois quelque force!

La Russie a moins à craindre que l'Autriche les revendications de l'empire prussien; elle en sera quitte pour lui abandonner Mittau, Riga et la Courlande où l'on parle quelque peu allemand. Mais ce ne sont pas les pertes territoriales qui lui seront le plus sensibles; ce qu'elle doit redouter et redoute par-dessus tout, probablement, c'est le renversement de ses projets séculaires sur la Turquie d'Europe et sur Constantinople. A la vérité, la Prusse lui offrira, comme à l'Autriche, des compensations en Orient; elle aura carte blanche pour conquérir la Perse, le Beloutchistan, l'Afghanistan, la Chine, les Indes même; mais, devenue puissance plus asiatique qu'européenne, il lui faudra alors renoncer à la Pologne; son insatiable voisine, en réunissant celle-ci à son duché de Posnanie, aura la satisfaction de supprimer une enclave disparate et de rattacher le cours intermédiaire de la Vistule à ses sources et à son embouchure, l'occasion de souder la Galicie aux deux autres tronçons polonais étant vraiment trop belle pour la laisser échapper.

Reste enfin la Suisse allemande, composée de quinze cantons, avec une population de 1,700,000 habitants. Sa neutralité, pas plus que celle de la Belgique, ne la sauverait des convoitises prussiennes. D'ailleurs, quelle puissance la ferait respecter dans cette rupture de l'équilibre européen, dans ce cataclysme des gouvernements parlementaires, dans ce triomphe de la force sur le droit ? Son antique indépendance, sa constitution républicaine, l'hospitalité qu'elle n'a jamais refusée aux proscrits de tous les pays, son patriotisme même, tout cela la désignerait plus particulièrement aux coups du vainqueur. Et quelle aubaine pour l'Italie, à laquelle la Prusse jetterait sans doute le Valais et le Tessin comme don de joyeux avènement : une brochure allemande, imprimée cette fois à Leipzig, conseille aux puissances de nous enlever la Savoie pour la donner à la Suisse, afin de nous empêcher ainsi d'envahir l'Allemagne par le Sud-Est, comme la perte de l'Alsace-Lorraine nous empêche de l'envahir par le Nord-Est. En réalité, l'inspirateur de ce nouveau ballon d'essai fait miroiter aux yeux de la Confédération suisse un dédommagement éventuel pour l'annexion à l'empire prussien de ses cantons allemands. C'est le développement de l'une des parties du plan d'ensemble du Chancelier. Il cherche à accoutumer l'Europe et les intéressés eux-mêmes à ces modifications territoriales, en les présentant comme exclusivement avantageuses aux pays qu'il veut démembrer pour réaliser l'unité allemande.

Je doute que la Suisse se laisse prendre à ce piège grossier.

Tout s'enchaîne, tout se tient sur le grand échiquier de la politique : l'Allemagne, sous l'hégémonie de la Prusse, ne pouvait commencer son unification que par la défaite de l'Autriche et de la France; elle ne peut l'achever qu'en consommant la ruine de l'empire ottoman au profit de la maison de Habsbourg-Lorraine, car les rois ne se dévorent jamais complètement. Par sa fameuse alliance des trois empereurs, elle tient la France en respect, joue la Russie et fascine François-Joseph au point de lui faire croire qu'il n'a pas d'ami plus sûr que son plus dangereux ennemi.

L'annexion de l'Alsace-Lorraine constitue-t-elle un avantage réel pour l'Allemagne? A l'égard de la Prusse et de ses visées ambitieuses, l'avantage est incontestable, c'est par là qu'elle maintient l'union de l'empire : ses royaumes, ses duchés et ses provinces ayant concouru à la conquête, tous se font un point d'honneur de la conserver. Cependant, si l'on écarte l'intérêt particulier de la Prusse, je cherche vainement celui de l'Allemagne.

Cette acquisition n'a pas augmenté sa force militaire; tout au plus lui a-t-elle fourni des postes avancés contre nous; quant aux annexés qui ne passent pas la frontière lorsque leur vingtième année arrive, et que la Prusse enrôle sous ses drapeaux, non seulement ils sont peu nombreux, mais ils deviennent plutôt un danger pour elle qu'un appoint sérieux. Elle ne parviendra jamais, comme elle l'a fait pour les serfs polonais de la Posnanie, à modifier leur esprit, imprégné depuis plusieurs siècles de nos principes et de nos idées; elle ne les décidera jamais à tourner contre nous et leurs frères, qui servent dans nos rangs, les armes qu'elle leur mettra en mains.

Au point de vue financier, l'avantage n'est pas moins illusoire; les provinces annexées sont riches mais leur entretien coûte beaucoup, car pour les transformer, pourvoir à leur sécurité et les administrer, leur budget particulier doit être certainement insuffisant; elles sont et resteront un domaine de luxe.

Au point de vue commercial et industriel, le désavantage est non moins grand. Les industries de l'Alsace-Lorraine, plus avancées que celles de l'Allemagne, font à ces dernières une concurrence sérieuse, puisque leurs produits, au lieu de s'écouler en France où se sont établies des industries similaires, sont forcées de refluer de l'autre côté du Rhin. L'Alsace-Lorraine produisant d'ailleurs toutes les choses nécessaires à la vie, blé, vin, viande, fer, houille, bois, etc., restera un marché fermé pour les conquérants. Je ne crois pas à l'extension sérieuse du commerce allemand malgré les doléances de nos journaux; s'il était florissant, comme on veut bien le dire, il ne chercherait pas sans cesse de nouveaux débouchés, il ne convoiterait pas un empire colonial, il ne contrefer ait pas nos produits et nos marques de fabrique, il ne vendrait pas au rabais des marchandises de pacotille. Tous ces agissements, véritables expédients de commerçants aux abois, présagent une banqueroute que notre réveil commercial va peut-être précipiter.

Mais ces questions particulières s'effacent devant l'obligation où se trouve l'Allemagne de se maintenir sur un pied de guerre formidable, inconnu jusqu'à ce jour, pour conserver sa conquête. Les cinq milliards que nous lui avons donnés, sans parler de la fièvre d'agiotage qu'ils ont fait naitre chez elle, sont tombés dans le gouffre des dépenses de la guerre; bien d'autres milliards les y ont suivis et bien d'autres les y suivront encore. A la vérité, nous sommes dans la même situation, mais nos charges diminuent-elles celles de nos ennemis, notre malaise rend-il le leur moins pénible, nos milliards dépensés entrent-ils dans leur trésor ? A quoi sert d'être victorieux quand le vaincu vous force à demeurer nuit et jour l'arme au pied et l'œil au guet ?

A tous les points de vue, il y aurait donc avantage pour l'Allemagne intelligente, industrieuse, pacifique, à nous rétrocéder une province qui lui coûte tant et lui rapporte si peu. Je traite cette question d'une manière absolument théorique, car l'Alsace-Lorraine coûterait-elle dix fois, cent fois plus cher à l'Allemagne, que l'idée ne lui viendrait jamais de l'abandonner. La Prusse, d'ailleurs, sa souveraine, ne le lui permettrait pas, nous avons dit pourquoi : quel spectre invoquerait-elle, quelle corde sensible toucherait-elle si l'empire menaçait de se disloquer ? Le chauvinisme, l'orgueil, les préjugés seront toujours plus puissants que la vérité n'est évidente ! Ce serait d'ailleurs un grand malheur pour nous et une écrasante preuve de supériorité morale si l'Allemagne prenait ce parti héroïque : nous rentrerions dans notre bien sans combattre, mais nous perdrions du coup les traditions de l'honneur, le sentiment du courage, la confiance en nous-mêmes, l'estime du monde et la nôtre propre. Le sang seul peut laver la tache laissée sur le front de la France par la trahison de Bazaine et la lâcheté de Napoléon III.

On m'accusera certainement de transformer en monstres redoutables les appréhensions de mon patriotisme, d'exagérer l'ambition et les projets de la Prusse, de rabaisser le courage et l'intelligence politique des autres puissances européennes, de tracer enfin un tableau fantaisiste de la situation ; hélas, voilà encore un signe des temps ! La veille de Sadowa, l'Autriche croyait la Confédération germanique indestructible ; la veille de Frœschwiller, la France se considérait comme invincible. Malheur à nous, si nous ne sommes pas prêts lorsque arrivera le dénouement de ce grand drame, si nous manquons l'occasion de reprendre dans le monde le rang qui nous appartient ! Malheur aux peuples latins, déjà menacés par leur vieillesse et cette éternelle loi de la nature qui fait succéder les races du Nord aux races du Midi, s'ils ne retrempent leur courage, s'ils ne font cesser leurs dissensions intestines, s'ils assistent, avec le fatalisme des Orientaux, aux évolutions de la politique européenne ! Ni les combinaisons machiavéliques des politiciens italiens, ni leur rôle de complaisants, ni les guérillas et les sierras espagnoles, ni les flottes anglaises, ne les sauveront du pesant joug germanique.

Un pays qui ne progresse pas est bien près de déchoir ; sa décadence s'accentue encore, lorsque, comme la France, il s'est laissé entamer par l'étranger. La perte des provinces rhénanes, en 1815, a été la tache d'huile qui s'est étendue en 1870 et s'étendra inéluctablement si nous ne mettons pas en œuvre à bref délai les plus énergiques moyens pour la combattre. L'égoïsme, la pusillanimité, disons le mot, la lâche indifférence sont à l'ordre du jour ; notre Parlement s'est affaissé au point de laisser discuter et vilipender en public les sentiments les plus nobles du patriotisme. Il pense faire justice de ces aberrations en les dédaigna[illegible] en traitant les coupables de malheureux, aigris par la [illegible]re et égarés par des doctrines malsaines. Cette ind[illegible]ce sentimentale, cette mansuétude systématique pour les criminels de tous genres, peuvent avoir et auront certainement un jour les plus graves conséquences. Il en est des maladies morales comme des maladies physiques : en ne les soignant pas elles deviennent incurables. Nous n'avons pas à considérer si les hommes qui méconnaissent la Patrie, l'insultent, la menacent et l'attaquent, sont malheureux, ignorants, égarés ; lorsque je rencontre sur mon chemin un chien enragé, je ne me demande pas si ce chien était intelligent, doux, fidèle : il est enragé, cela suffit, je le tue !

Prenez-y garde, ces anarchistes, ces contempteurs des plus nobles sentiments, ces agents soudoyés par l'étranger, vont propager leur virus dans le pays et l'amèneront peut-être à ce degré de bassesse de souhaiter la protection d'un pouvoir fort, fût-il celui de la Prusse ! Au lieu d'augmenter les salaires et les traitements des ouvriers et des fonctionnaires, sans cesse et sans mesure, diminuez-les ; au lieu de diminuer les heures de travail et la durée du service militaire, augmentez-les ; préoccupez-vous plutôt du danger couru par le pays que de sa prospérité commerciale et industrielle ; ayez plus de souci du bien public que du bien particulier. Vous êtes, messieurs les Députés et Sénateurs, les pasteurs du peuple et ce n'est pas en le flattant, en l'engraissant, en l'enrichissant et en vous enrichissant vous-mêmes que vous le sauverez de ses défaillances et de sa perte. Quant aux Français qui, comme moi, ne peuvent jeter les yeux vers notre frontière de l'Est sans éprouver un mouvement de colère fébrile, qu'ils se lèvent, parlent et agissent ! Qu'ils n'aient plus de préoccupations sociales, politiques ou humanitaires tant qu'ils n'amèneront pas leurs concitoyens à revendiquer et à récupérer par la révolution, la diplomatie ou les armes, les parcelles détachées du vieux sol national.

Si l'homme de cœur se sent profondément blessé quand on semble douter de son courage, le lâche montre d'autant plus d'irritation qu'il a plus conscience de sa lâcheté. Qu'un patriote vienne dire aux Français : Vous commettez une lâcheté en laissant les anarchistes, les agioteurs et les égoïstes conspuer l'idée de patrie ; vous commettez une lâcheté en subissant de parti pris les conditions onéreuses et humiliantes du traité de Francfort, en abandonnant vos compatriotes de l'Alsace et de la Lorraine sous le joug des Prussiens, en acceptant les avances de M. de Bismarck ; aussitôt une explosion d'indignation se produira dans toutes les feuilles publiques et, de toutes parts, on criera haro sur l'imprudent, j'allais dire l'impudent, qui ose reconnaître publiquement ce que beaucoup disent tout bas. Eh bien, cette considération ne m'arrêtera pas. Nous ne guérirons pas nos plaies en les dissimulant, mais en les étalant, au contraire, au grand jour de la publicité. Au lieu de faire ressortir et de glorifier les actes de courage accomplis par nos soldats dans la dernière guerre, je parlerais sans cesse des trahisons des chefs, des défaillances de quelques-uns, de l'aveuglement de tous ; au lieu de prodiguer les décorations, j'en aurais supprimé momentanément la distribution ; j'aurais coupé cette fièvre d'avancement dont sont agités nos fonctionnaires, nos officiers et nos généraux; comme les enfants d'Israël à la mort d'un père, je me serais couvert la tête de cendres, et, laissant croître ma barbe, je ne songerais plus qu'à la reprise des hostilités et au jour de la résurrection.

Un examen attentif des sentiments de l'Europe nous montre la France en présence de deux adversaires sérieux seulement et de deux ennemis séculaires : l'Allemagne sur le continent, l'Angleterre sur mer. L'empire russe, malgré les guerres insensées soutenues contre lui par les deux Bonaparte, ne nous est pas hostile, car il y a plus d'affinité entre le caractère de ses habitants et le nôtre, qu'entre le nôtre et celui des Anglais et des Allemands. L'Autriche elle-même ne nous garde pas trop rancune des pertes territoriales que nous lui avons fait subir en 1860 au profit de l'Italie, pertes regrettées amèrement, aujourd'hui surtout que nous connaissons le fond du cœur des Italiens et la profondeur de leur égoïsme. La plupart des nationalités dont l'Autriche est composée, la Hongrie et la Galicie notamment, nous ont témoigné leur sympathie à plus d'une reprise. Quant aux autres peuples de l'Europe, la Hollande, la Suède, la Norwège, le Danemark, la Suisse, l'Espagne, le Portugal, la Grèce, les Principautés danubiennes, ils ont, on peut le dire, les yeux constamment tournés vers nous et comprennent instinctivement que leur indépendance est liée à notre propre existence et au maintien de notre puissance. L'Italie fait tache dans cet ensemble : elle marche sur les pas de l'Angleterre et surtout de l'Allemagne, comme le chacal suit les fauves, dans l'espoir de profiter sans risque des restes dédaignés par ces deux puissances envahissantes.

Aussi devons-nous renoncer au projet chimérique de réunir dans une république fédérative les peuples latins ; les Italiens nous ont été, nous sont et nous seront toujours hostiles, car nous ne trouvons rien dans nos mœurs, dans nos idées, dans notre caractère, qui puisse jamais nous rapprocher. Nous avons été plusieurs fois leur dupe, ne nous exposons pas à devenir leur victime.

Il n'en est pas de même, il est vrai, du peuple espagnol ; il aime ce que nous aimons : la loyauté chevaleresque, le courage désintéressé ; il a des tendances républicaines incontestables ; il sait, quand il le faut, mourir pour une idée ; cependant une alliance intime doit offrir aux parties contractantes des avantages réciproques : or, les Espagnols auraient à nous demander beaucoup sans pouvoir de longtemps nous rien offrir en échange.

Les dynasties royales se soutiennent énergiquement ; très habiles à entretenir les rivalités des peuples, elles empêchent toute fédération qui pourrait compromettre leur sécurité. La division des races latines est due aux efforts incessants de la Prusse et quelque peu de l'Angleterre ; la Prusse, notamment, est parvenue à détourner à son profit exclusif la reconnaissance que l'Italie nous devait, et l'acquisition, presque sans coup férir, de la Vénétie en 1866, après la défaite des Autrichiens à Sadowa, a semblé à la maison de Savoie un bienfait beaucoup plus grand que la conquête du Milanais due à nos victoires de Magenta et de Solférino. Le sang français versé pour elle et nos millions prodigués ont été oubliés ; elle s'est réjouie de nos défaites, elle les eût souhaitées plus grandes, plus complètes, car l'anéantissement de la France lui aurait permis de nous témoigner une gratitude posthume d'autant plus bruyante que celle-ci ne l'eût engagée à rien. Mais nous vivons, nous sommes aussi puissants qu'auparavant, sinon plus, nous sommes en république, nous faisons envie à tous les hommes épris de liberté, voilà pourquoi les Humbert et les Alphonse nous redoutent et nous haïssent tant.

Un secret motif de jalousie existe bien encore dans le for intérieur des Italiens et des Espagnols. Ils ne songent pas sans regret au rôle considérable joué autrefois dans le monde par leurs ancêtres. Cependant l'état actuel de l'Europe rend le retour de ce rôle impossible dans l'avenir, surtout pour eux, ils devraient le comprendre. Pour rétablir la prépondérance romaine, il faudrait, d'abord, la vertu romaine; il faudrait ensuite que l'Italie fût entourée de peuples barbares dont la tactique et l'armement fussent inférieurs à ses moyens d'action; or, s'il y a encore des barbares en Europe, c'est dans la Romagne, la Calabre, la Sardaigne et la Sicile qu'il faut les chercher.

Quant aux Espagnols, ils n'ont plus les mines du Nouveau-Monde qui leur permettaient d'acheter la couronne impériale d'Allemagne, de soudoyer les reitres, les Suisses, les condottieri, tous les mercenaires de l'Europe, Henri VIII d'Angleterre, son ministre Wolsey, et jusqu'à notre propre connétable, Charles de Bourbon.

Comme nations, l'Italie et l'Espagne sont d'ailleurs plus grandes et plus unies qu'elles ne l'ont jamais été. Quand Rome dominait le monde, l'Italie n'était pas moins tributaire que les autres pays; quand Charles-Quint menaçait les libertés européennes, l'Espagne n'était qu'une province du Saint-Empire. Aujourd'hui, l'une et l'autre, souveraines dans leurs limites géographiques et politiques, peuvent poursuivre pacifiquement leurs destinées, non pas en subissant notre ascendant, que nous n'avons pas la prétention de leur imposer, mais en se laissant entraîner dans notre orbite, l'orbite du droit, de la liberté et de la civilisation.

Que nous importe donc et l'ingratitude haineuse des Italiens, et l'anémie des Espagnols, et l'indifférence de l'Europe? Replions-nous sur nous-mêmes, entraînons-nous par une gymnastique morale et physique raisonnée. Nous sommes encore assez nombreux, assez riches, assez puissants pour tenir tête, seuls, si nous le voulons, à nos ennemis séculaires, à la condition toutefois de ne pas tomber dans les pièges qui nous seront inévitablement tendus par la chancellerie prussienne, et de réagir contre les doctrines soi-disant pacifiques de la presse monarchique européenne.

Ces doctrines ont eu pour premier résultat la conférence de Berlin où s'est réglé le partage de l'Afrique; elles cherchent enfin à soumettre toutes les complications politiques futures à un tribunal arbitral. D'excellents Français, et parmi eux les membres de la Ligue de la paix, sont allés de l'avant dans cette voie, mais, Dieu merci, ne nous y entraîneront pas.

L'union des trois empereurs, si pompeusement célébrée par les complaisants, se propose de combattre le socialisme en Allemagne et le nihilisme en Russie, de rendre plus efficaces les mesures communes prises contre les perturbateurs cosmopolites, par conséquent de consolider tous les trônes. Elle se propose encore de maintenir la question d'Orient en suspens, d'ajourner le partage de la Turquie et d'affermir la paix en Europe. Cependant, sous ce double prétexte, avoué parce qu'il est avouable, chaque souverain cache certainement quelques motifs particuliers qu'une analyse judicieuse pourrait peut-être faire découvrir.

Alexandre III, menacé par la plus vaste, la plus redoutable conspiration sociale qu'on ait jamais vue, hésite à reprendre les projets séculaires de ses prédécesseurs sur la péninsule des Balkans avant d'avoir réduit les nihilistes à l'impuissance. La révolution, dans son empire, est arrivée à présenter tant de dangers, qu'il s'est vu relativement en sûreté au milieu des Polonais, naguère ses ennemis les plus acharnés. Une telle situation l'empêche certainement de recourir à cette diversion ordinaire des souverains aux abois : la guerre étrangère, car il ne se sent pas plus à l'abri des poignards au milieu des camps que dans ses palais blindés. Il veut encore gagner du temps pour obtenir le droit de passer librement avec ses flottes de la mer Noire dans la Méditerranée, ce qui lui permettrait de s'emparer plus facilement de Constantinople.

Si Alexandre III a eu ses raisons pour accepter librement la triple alliance, François-Joseph en a eu également pour céder à la contrainte morale de la Prusse. Autant il désirerait voir se terminer la liquidation de l'héritage ottoman, autant il redoute l'ouverture de sa propre succession. On lui a promis, à la vérité, de garantir son trône et l'intégrité de son empire. Hé, qui donc les menace? La France? Elle ne songe guère qu'à réparer ses désastres ; si elle fait jamais la guerre, ce ne sera certainement pas à l'Autriche. — L'Italie? Mais elle est dans l'antichambre de l'alliance et sollicite depuis longtemps la faveur d'y entrer. Une guerre avec elle fournirait d'ailleurs à son ancienne suzeraine l'occasion de reprendre la Lombardo-Vénétie, car celle-ci ne ferait qu'une bouchée d'un tel adversaire. — La Russie? Pas davantage, puisque les deux empires sont séparés par les anciennes provinces polonaises et les dernières possessions *de l'homme malade*. — Les socialistes, enfin? Encore moins. Les Allemands n'ont pas le tempérament révolutionnaire; ils se grisent volontiers d'idées, pérorent avec bruit, puis, quand les fumées de la pipe et les aigres vapeurs de la bière se sont évanouies, ils retournent à leur travail et se replacent d'eux-mêmes sous le joug. Autant le nihiliste russe est terrible, autant le socialiste allemand est inoffensif; autant le premier a la passion de l'honnêteté désintéressée et du sacrifice, autant l'autre tient à l'argent et à sa vie. Des deux côtés il y a des exceptions, pas n'est besoin de le dire, néanmoins ce n'est pas dans ce siècle-ci que nous assisterons au triomphe d'une révolution allemande, si bénigne qu'elle soit; par conséquent, si l'on ne saisit pas bien les raisons qui ont fait entrer l'Autriche dans la triple alliance, on comprend parfaitement le rôle que le grand Chancelier entend lui faire jouer. Par cette alliance, véritable machine de guerre très habilement montée, la Prusse se propose, en effet, toute une série de résultats. Elle neutralise d'abord ses alliés l'un par l'autre, et c'était un coup de maître de retenir et pour ainsi dire d'enchainer deux compétiteurs dont l'un, tout au moins, pouvait devenir du jour au lendemain l'ami de la France, par conséquent l'ennemi de la Prusse. En outre, celle-ci ne pouvait pas laisser la Turquie d'Europe à la discrétion des Russes; elle avait besoin de conserver à peu près intact ce vaste territoire pour le jour où il lui faudra nécessairement offrir une compensation à la maison de Habsbourg, en échange de ses provinces allemandes. Enfin, elle mettait la France dans l'impossibilité de faire des avances à la Russie et dans la nécessité d'attendre, l'arme au pied, qu'un événement, difficile à prévoir, vînt lui fournir l'occasion de tenter à nouveau le sort des armes.

Cette triple alliance, subie avec résignation d'un côté, acceptée à regret de l'autre, fait ressortir d'une manière éclatante la suprématie de l'empereur allemand et l'habileté de sa politique ; elle le pose en arbitre, presque en maître de l'Europe. Son immixtion dans la question d'Orient, dans les affaires danubiennes, dans le règlement de la question du Congo; les tendances annexionnistes qu'on lui prête au sujet de la Hollande, des îles Carolines et de Zanzibar, tout démontre que l'appétit lui vient en mangeant. Aussi, quel concert d'adulations dans les cours! La reine Victoria l'accable de prévenances, le roi Alphonse XII sollicite l'honneur de porter le costume d'un de ses régiments de uhlans, le roi Humbert, transporté de reconnaissance — chose extraordinaire chez un prince italien! -- met sa couronne à ses pieds, le roi des Belges est inconsolable de n'avoir pu encore être reçu par lui, et le Sultan lui demande des fonctionnaires et des officiers instructeurs.

Après la triple alliance, le plus beau triomphe de la chancellerie prussienne serait incontestablement la création d'un tribunal arbitral européen. Suzeraine de toutes les cours, elle le composerait à sa guise et serait toujours sûre d'y avoir la majorité. Admettons même que, par une sorte de miracle, ce tribunal soit impartial : il prendrait certainement pour base de ses décisions la constitution actuelle de l'Europe et la maxime *beati possidentes*; il sanctionnerait par conséquent la déchéance de l'Autriche, le droit de la Prusse sur l'Alsace-Lorraine et déciderait toujours que rien ne peut être changé à cet admirable ordre de choses. Le seul établissement d'un semblable tribunal constituerait donc pour la Prusse, bien qu'elle déclarât n'en pas vouloir, le couronnement de sa politique en lui assurant l'empire du monde. On a beaucoup plaisanté le Projet de paix perpétuelle de l'abbé de Saint-Pierre; mais si c'était le rêve d'un homme de bien, on peut dire de la Ligue de la paix, qu'elle est tout à la fois l'expression la plus complète de la rouerie et de la naïveté humaine.

Voilà bien longtemps que nous n'avons prononcé le nom de l'Angleterre; c'est qu'elle est actuellement pour le chancelier prussien une quantité négligeable dans les complications continentales; on réglera sans elle et contre elle, s'il le faut, toutes les questions en litige, même celle d'Orient. A la mort de l'empereur Guillaume, et lorsqu'il s'agira de réveiller contre nous la vieille haine britannique, son successeur se souviendra seulement qu'il est le gendre de la reine Victoria; alors la vieille Albion et la vieille Allemagne se jetteront dans les bras l'une de l'autre et essayeront de nous faire payer les frais de la réconciliation.

La triple alliance ne menace pas uniquement la nationalité française et l'intégrité de notre territoire, elle est encore un obstacle presque insurmontable à la propagation des idées républicaines et au développement de la démocratie en Europe. Il est inutile de rappeler, je crois, ces mesures exceptionnelles, d'une rigueur extrême, prises dans les trois empires et surtout en Prusse, contre les hommes affamés de justice et de liberté qu'on essaye de flétrir en les qualifiant de nihilistes et de socialistes ; il est inutile de rappeler ces expulsions en masse de juifs et de Polonais, renouvelées des temps barbares ; et ces interdictions d'exercer certains métiers ou certaines professions, et la faculté réciproque d'extradition pour délits politiques que les princes se sont octroyée, et les bâillons dans la bouche des orateurs, et les menottes aux poignets des écrivains, et les mesures d'intimidation employées par la diplomatie contre les petits États, et les accusations, les menaces sorties des bas-fonds de la police : tout cela se voit, s'entend, se produit au grand jour. C'est dans l'Europe centrale un menaçant et perpétuel *Quos ego* jeté à la face de la Révolution et du droit politique moderne.

Si le peuple allemand avait de sérieuses tendances libérales, on pourrait peut-être attendre l'avenir avec patience; mais nous avons dit le peu de confiance que nous inspirent les révolutionnaires d'Outre-Rhin. A la ligue des rois, nous devons cependant essayer d'opposer la ligue des peuples et celle des idées. Depuis quinze ans, je devrais dire depuis plus d'un siècle, nous prêchons d'exemple et, si nous persévérons avec courage dans cette voie, nos efforts seront évidemment récompensés un jour. Grâce aux libertés dont nous jouissons, grâce surtout aux améliorations sociales réalisées depuis peu, le nihilisme et l'anarchisme n'ont pu s'acclimater parmi nous ; notre sol, nos mœurs, nos institutions ne favorisent pas leur développement. Nous avons trop de petits propriétaires pour jamais redouter les attaques à la propriété, nous aimons trop nos enfants pour supporter les attaques à la famille, enfin nos moyens d'existence sont trop assurés pour que la plus minime partie de la population puisse jamais être poussée au désespoir par la faim. Dans nos assemblées publiques, les étrangers font seuls des motions incendiaires et seuls poussent le fameux cri : Du pain ou du plomb ! Remarquons bien cette particularité, pour en faire ressortir la moralité, c'est que toutes les tentatives de désordre en France ont pour auteurs des Italiens ou des Allemands, d'ordinaire bien vêtus et cependant sans moyens d'existence avouables ? Qui les paye ? Les d'Orléans, disent les uns. C'est inadmissible, vu la ladrerie proverbiale de cette famille. Les bonapartistes, disent les autres : inadmissible encore, vu leur situation financière. Ne nous creusons pas tant la tête, souvenons-nous seulement de la maxime : *hic fecit cui prodest*, et nous découvrirons sans peine la main qui les guide, l'esprit qui les inspire, la bourse qui les nourrit. C'est d'ailleurs de bonne guerre, mais à nous de traiter ces agents provocateurs comme ils le méritent.

Il y a en Angleterre, en Autriche, en Espagne, en Belgique, en Hollande, en Italie même, des hommes politiques honnêtes, instruits, sur le libéralisme desquels on peut compter ; faisons appel à leur conscience, invoquons leur concours, non pour soutenir nos intérêts territoriaux, mais en faveur des grands principes de liberté et de réformation sociale dont nous sommes les défenseurs et les représentants les plus autorisés. Cependant n'ayons qu'une confiance limitée dans la puissance immédiate des idées : quand le moment sera venu, soyons en mesure d'opposer la force à la force, et souvenons-nous de ces apôtres de la Révolution, nos ancêtres, aussi brillants sur les champs de bataille qu'à la tribune.

Les progrès des arts et des sciences ont transformé depuis un siècle l'aspect du monde matériel ; chemins de fer et bateaux à vapeur nous portent avec une rapidité vertigineuse d'un bout du monde à l'autre, et les hommes, malgré la distance et les mers, se communiquent instantanément leurs pensées, grâce aux télégraphes électriques. Les progrès moraux, depuis la grande Révolution française, n'ont pas été moins considérables ; on ne voit presque plus de peuples gémir sous le joug d'un tyran ; la plupart des monarchies sont tempérées par une représentation nationale ; enfin quelques pays jouissent, sous un régime républicain, de la plénitude de leur liberté. L'instruction est partout répandue, la misère tend de plus en plus à disparaître et la richesse générale augmente dans des proportions incalculables. Cependant, en un point, non seulement le XIX^e^ siècle ne l'emporte pas sur les siècles précédents, mais il leur est même inférieur. Ces sciences, ces découvertes physiques et chimiques dont nous sommes si fiers, ne sont pas uniquement appliquées aux travaux de la paix, mais encore aux œuvres de la guerre, à l'état endémique dans le monde civilisé et plus terrible de jour en jour. Il y a là comme la manifestation d'une loi naturelle qui proportionne les causes de mort à la fécondité des races, fauche les humains plus ferme et plus dru à mesure qu'ils se multiplient et jouissent des biens de la vie. Autrefois, les grandes puissances mettaient en ligne des armées de 20 à 30,000 soldats ; aujourd'hui, elles ne se croient plus en sûreté si elles n'en ont pas au moins un million sous les armes. On sacrifiait jadis de 15 à 20 millions de francs pour mener une guerre à bien; à présent, l'entretien d'une armée de premier ordre coûte un milliard chaque année, et je ne crains pas d'être taxé d'exagération si je dis qu'il y a actuellement en Europe 5 millions d'hommes soumis au régime militaire, occasionnant par an une dépense de 5 milliards. Et pourquoi ces luttes atroces, pourquoi cette immobilisation d'une partie des forces sociales dans les travaux stériles de la guerre, pourquoi ce tribut effrayant payé tous les ans à la mort? Parce que la puissance de la maison d'Autriche une fois détruite, on a laissé la Prusse prendre sa place sur le continent; parce que, tout entiers à leurs luttes particulières, les peuples de l'Europe ont permis à l'Angleterre de planter son drapeau sur toutes les terres du globe qu'elle ne parviendra jamais à civiliser ni à féconder et où l'expansion coloniale des autres peuples ne peut plus s'exercer. La question des revendications territoriales de la République française, question particulière au premier abord et qui semble n'intéresser que nous et l'Allemagne du Nord, devient donc une question internationale et universelle au premier chef, dont la solution entraînera l'asservissement de l'Europe, si nous sommes vaincus, ou son affranchissement si nous sommes vainqueurs.

Le monde entier connait ou peut connaitre le maximum des prétentions de la France : rentrer dans les limites séculaires de la vieille Gaule et poursuivre son œuvre de réformation sociale et politique, par conséquent, vivre en paix avec ses voisins, rendre à l'agriculture les bras immobilisés par le service militaire obligatoire pour tous, fournir à ses colonies le contingent d'émigration nécessaire à leur transformation et à leur prospérité, enfin employer aux œuvres de la fraternité sociale le milliard annuel absorbé par ses armements. Mais autant nos desseins politiques sont évidents, autant ceux de la Prusse sont louches. En apparence, elle semble vouloir se contenter de sa situation actuelle; ses succès ont été si rapides, si décisifs, qu'elle a dû se tâter plus d'une fois pour s'assurer qu'elle n'était pas dupe d'une illusion; néanmoins sa constitution politique est incompatible avec les nécessités actuelles d'une bonne administration; ces rois, ces grands-ducs, ces princes héréditaires, vassaux soumis, sont cependant un obstacle à l'unification de l'Empire; enfin, l'Autriche détient une partie de l'Allemagne et la diplomatie prussienne, malgré son habileté, l'amènera difficilement à jouer le rôle du décapité par persuasion. Par conséquent, les armements onéreux, sous lesquels l'Europe succombe, sont dus à la prépondérance actuelle de la Prusse, à ses convoitises avouées ou occultes, en un mot, à la destruction de l'équilibre européen.

Les amis de la Prusse, et elle en a beaucoup depuis qu'elle est heureuse, ne manqueront pas de nous retorquer nos propres arguments. L'équilibre européen, diront-ils, a été détruit au profit de la Prusse, mais la victoire de la France ne le rétablirait pas, puisque, maîtresse des bords du Rhin, elle serait aussi puissante, sinon plus, que l'est aujourd'hui l'Allemagne du Nord. Cette réponse n'est pas sérieuse. Rentrée dans ses limites séculaires, la France, désormais entièrement désintéressée dans les contestations de ses voisins, n'aurait plus d'autre mission que celle de maintenir la paix en Europe, d'y favoriser l'expansion de la démocratie et de poursuivre son œuvre de rénovation sociale. Elle ne convoite aucune fraction du territoire des autres, elle a suffisamment de colonies pour ne pas gêner leur expansion ; enfin, maîtresse de ses résolutions, elle n'a pas à craindre, comme les pays monarchiques, les entraînements irréfléchis d'un prince ambitieux ou les conséquences des alliances de famille.

Mais, dira-t-on encore, la paix que la France victorieuse voudrait maintenir, l'Allemagne l'assure aujourd'hui par sa situation prépondérante. — Un instant, s'il vous plaît ! Qui espère-t-on tromper ? La Prusse impose la paix, elle ne la maintient pas. Elle l'impose parce qu'elle veut consolider ses positions, s'assimiler ses conquêtes ; elle l'impose parce qu'elle n'est pas prête, d'ailleurs, à entreprendre la guerre qui lui permettra de réaliser son programme. Elle attend un mouvement réactionnaire en France ou une révolution en Autriche, mouvement et révolution qu'elle appelle certainement de tous ses vœux si elle ne les favorise pas ouvertement. Des considérations particulières obligent encore la Prusse à désirer actuellement la paix : son Empereur est arrivé aux limites extrêmes de la vieillesse, son Stratège le suit de près, son Chancelier est septuagénaire ; il faut laisser à ces fantômes victorieux le temps de s'évanouir dans leur apothéose et permettre à leurs successeurs de s'installer, de se sentir les coudes, de se communiquer leurs pensées, de mûrir leurs projets et d'en assurer la réussite. La paix armée durera donc encore quelque temps, et les fabricants d'acier, les fondeurs de canons, les fournisseurs d'armées, les marchands de fulminate et de dynamite, tous ceux qui vivent de la mort, ont encore de beaux jours en perspective.

Les budgets des puissances augmentent sans cesse, le gouffre du déficit devient tous les jours plus profond; comment pourra-t-on le combler? En faisant de sages économies. Cela, non plus, n'est pas sérieux. Chaque année nous voyons les commissions des finances éplucher avec ardeur les chapitres et les articles de nos comptes et, après un labeur de deux ou trois mois, semblables à la montagne en travail, elles accouchent d'une souris; elles croient avoir diminué les dépenses en supprimant un service par-ci, en rognant un traitement par-là, ou bien en faisant passer un compte du budget ordinaire dans le budget extraordinaire; comme l'autruche, qui croit échapper au chasseur en se cachant la tête dans le sable, elles pensent réaliser une économie en changeant la dénomination de la dépense. Il faut bien le dire très haut : tant que nous resterons dans le *statu quo*, il n'y a pas d'économies possibles; et alors que la population des États-Unis s'accroit de 35 millions d'âmes en 50 ans, que dans le même laps de temps sa fortune passe de 42 milliards à 250 milliards, que ses chemins de fer atteignent une longueur de 206,000 kilomètres lorsque l'Europe entière en compte seulement 180,000, nous piétinons sur place et nous nous ruinons en armements stériles!

Cependant, si nous désarmons, nous nous mettons à la merci de la Prusse et avec nous l'Europe entière; si nous ne désarmons pas, nous courons à la banqueroute forcée, inévitable. Qui, de la Prusse ou de la France, pourra supporter le plus longtemps cet état de choses? Toute la question est là. En attendant, jeunes gens, endossez le harnais de guerre; cultivateurs, ouvriers, travaillez pour le roi de Prusse et versez au fisc le plus clair de vos revenus.

Il m'a semblé que le moment était venu de dire toutes ces choses, de dresser ce bilan de la situation de l'Europe et de le porter à la connaissance des électeurs, peu initiés aux questions de politique générale.

---

## CHAPITRE XV.

**Quels moyens la France peut-elle employer pour faire triompher ses droits?**

J'aurais voulu laisser de côté la question de savoir quels moyens nous emploierons pour faire triompher nos droits; cependant il importe de dissiper, dès à présent, une illusion caressée par nombre d'esprits irréfléchis et pusillanimes, qui consiste à croire que nos provinces perdues nous seront rendues, un jour ou l'autre, par la voie diplomatique; le nombre des combinaisons proposées et discutées sérieusement dans ce but ferait la matière d'un gros volume. La loi, expression de la civilisation d'un peuple, est généralement respectée, car on s'incline librement devant ses prescriptions, ou l'on redoute le châtiment qu'entraînerait inévitablement sa violation; mais le droit des gens, le seul que puisse invoquer la diplomatie, parfaitement défini en théorie, n'a de force dans la pratique qu'autant qu'il est violé par les petits et les faibles; il reste lettre morte pour les puissants, puisque ceux-ci pourraient seuls le faire respecter; aussi est-il sans exemple qu'un vainqueur s'y soit jamais conformé. La raison est facile à donner : un homme a une conscience, un gouvernement n'en a pas.

Espionner est un acte vil; or, les Prussiens, longtemps avant la guerre de 1870, ont soudoyé des milliers d'espions envoyés à Paris et dans toutes nos villes frontières.

Défendre sa patrie, mourir pour elle, est une action non seulement licite, mais encore louable et digne de tous les respects; or, les Prussiens ont fait fusiller des femmes, des prêtres, des citoyens parce qu'ils avaient combattu volontairement sans appartenir à aucune troupe régulière.

Le bombardement d'une ville sans défense a toujours été considéré comme un fait odieux; or, les Prussiens ont brûlé des villages, des villes qui n'avaient commis d'autre faute que de ne point se soumettre assez vite aux exigences du vainqueur.

Punir de mort un innocent, sachant qu'il est innocent, est un crime abominable; or, les Prussiens, furieux de voir des francs-tireurs leur échapper, ont fusillé à leur place leurs pères ou leurs frères; ils ont détruit de fond en comble, par le pétrole, le village de Fontenoy — je ne parle que de celui-là — parce que quelques hommes hardis, venus de la Bourgogne, avaient fait sauter un pont de chemin de fer à quelques centaines de mètres de cette malheureuse commune.

Nous ne devons donc pas compter sur la force morale du droit pour rentrer en possession de ce qui nous appartient légitimement. La justice n'est pas gratuite, tout le monde le sait; si un particulier ne peut récupérer son bien qu'à prix d'argent, un peuple ne peut reconquérir ses limites nationales qu'au prix de son sang. La voie diplomatique n'est pas seulement longue, elle est illusoire. Plus un peuple est puissant, plus sa diplomatie a de force ; or, tout peuple conquérant est injuste dans ses contestations internationales. Il négocie lorsqu'il veut gagner du temps, endormir ses adversaires, lui enlever ses alliés ; il négocie lorsqu'il veut faire naitre un *casus belli;* il négocie pour mettre de son côté les apparences et persuader les neutres de la justice et de la modération de ses réclamations. Le prince de Bismarck n'a-t-il pas amené Napoléon III à déclarer la guerre à la Prusse quand celle-ci la préparait et la recherchait depuis de longues années? Les congrès ont toujours sanctionné la prédominance de la force sur le droit ; aussi la qualité maitresse d'un diplomate est-elle le scepticisme le plus absolu : la justice, l'humanité, le patriotisme sont pour lui des préjugés ; il s'incline devant le fait brutal et lui rend hommage lors même qu'il emploie la ruse pour en éluder ou en atténuer les conséquences. Écoutez ces aphorismes de la diplomatie et vous la jugerez : « Qui ne sait pas dissimuler ne sait pas régner », répétait souvent Louis XI ; « Subordonnez les moyens à la fin que vous voulez atteindre », écrivait Machiavel ; « Tout homme a son tarif », disait Walpole ; « La force prime le droit », s'écrie le prince de Bismarck. Renonçons donc à employer la diplomatie, ou bien, si nous y recourons, faisons-la soutenir par deux millions de baïonnettes.

Alors, c'est la guerre ! Quel être raisonnable et civilisé, quel père de famille, quel homme d'État osera jamais conseiller ce terrible recours et lancer son pays dans d'épouvantables aventures où notre nationalité elle-même peut sombrer? La paix, cela est indiscutable, est un bien précieux pour les nations comme pour les familles et les individus, encore faut-il qu'elle soit possible, réelle, honorable. Elle est possible quand elle est durable; or, une paix imposée par la violence, subie par contrainte, n'est pas durable. Si la France voulait la conserver à tout prix, elle souscrirait à sa déchéance, s'exposerait à la ruine et à de nouveaux démembrements.

Le traité intervenu, à Francfort, entre la Prusse et la France, après la guerre de 1870, est désastreux pour nous, cela n'est un mystère pour personne; après nous avoir battus sur les champs de bataille, M. de Bismarck s'est promis de nous faire subir un Sedan économique, c'est-à-dire de ruiner notre commerce et notre industrie au bénéfice de ses nationaux. Déjà les effets de ce traité et de ces menaces se font sentir; bien des marchés en Europe et dans les autres parties du monde nous sont fermés; on contrefait nos marques de fabrique, on déprécie nos produits à l'aide des moyens les plus odieux, on nous fait une concurrence déloyale jusque sur nos propres places, on entrave nos exportations par des droits protecteurs, on nous harcèle de toutes les manières et sur tous les points. Notre commerce, notre industrie, notre agriculture périclitant de plus en plus, nos ouvriers et nos aides ruraux seront bientôt forcés de s'expatrier ou de mourir de faim, car la cherté des denrées est toujours en raison de la diminution des ressources; les délits de mendicité et de vagabondage deviennent déjà plus fréquents, les crimes contre la propriété et les personnes augmentent dans une proportion effrayante; la guerre civile, plus terrible cent fois que la guerre étrangère, est prêchée dans les centres industriels; eh bien, quand la mesure sera comble, peut-être ouvrironsnous enfin les yeux et reconnaitrons-nous qu'une lutte ouverte serait préférable à cette guerre sourde; peut-être sentirons-nous que la mort sur le champ de bataille est moins pénible, en tout cas plus glorieuse que cet enlizement graduel, incessant, de toute la nation.

Mais la paix à tout prix est encore moins honorable pour nous qu'elle n'est possible. Que diriez-vous d'un homme qui, après avoir été battu et volé par son voisin, continuerait à entretenir de bonnes relations avec lui? Vous le traiteriez de lâche, et vous auriez raison. Et ce qui est vrai d'un homme ne le serait pas d'une nation, grande, illustre, ancienne entre toutes, naguère la tête et le cœur de l'humanité? Ah! si notre écrasement avait été complet, s'il y avait aujourd'hui une telle disproportion entre les forces des deux antagonistes que l'issue de la lutte ne pût être un instant douteuse, je m'inclinerais devant une irrémédiable situation, je me résignerais. Alors je dirais à mon gouvernement : Licenciez vos armées et vos flottes, rendez à l'agriculture, au commerce, à l'industrie les 100,000 hommes que vous leur enlevez annuellement; peuplez-en vos colonies et tâchez de reconstituer une nouvelle France au delà des mers; employez l'argent des budgets de la guerre et de la marine à payer nos dettes, à diminuer nos impôts; demandez la protection de cet empire que vous n'osez combattre, recherchez son alliance et vivez sinon heureux, du moins paisible comme le troupeau sous l'œil du berger et la garde de ses chiens. Mais nous savons à qui et à quoi sont dues nos défaites; nous savons que, sans la trahison de Bazaine, malgré l'impéritie de nos généraux, malgré la défectuosité de notre armement et l'infériorité numérique de nos bataillons, l'issue de la guerre eût pu être différente. Reprenons donc courage et préparons-nous à la revanche, car la paix dont nous jouissons, énervante pour le citoyen, décourageante pour le soldat, démoralisatrice pour tous, n'est ni réelle, ni durable, ni honorable.

---

## CHAPITRE XVI.

L'idée dominante au dix-neuvième siècle.

Cependant, se préparer à la guerre ce n'est pas la déclarer, c'est même très souvent le contraire si l'on en croit le proverbe latin : *si vis pacem, para bellum.* Je n'ai point de confiance dans les habiletés de la diplomatie ni dans le droit que la force ne soutient pas, mais je crois à la puissance de l'idée.

L'heureuse situation topographique d'un peuple, sa civilisation avancée, ses instincts guerriers, le génie d'un conquérant, ne suffisent pas pour expliquer la formation des grands empires. Il y a quelque chose dans le monde de plus irrésistible que le nombre et le courage des hommes, de plus puissant qu'une excellente organisation militaire : c'est la tendance inconsciente du genre humain vers l'idée la plus haute d'une époque, vers celle qui résume toute une civilisation. Lorsque cette idée dominante s'incarne dans un peuple, elle lui donne tôt ou tard une prépondérance marquée sur ses voisins, en gagnant les cœurs des uns, en frappant les autres d'étonnement ou de terreur, en aplanissant partout les difficultés, en décuplant enfin les forces de ses champions. Pour démontrer cette vérité, il nous suffira de jeter un coup d'œil rapide sur les deux grands empires qui se sont formés en Europe depuis la chute de Rome : l'empire de Charlemagne et celui de Napoléon.

Quelle était l'idée dominante au VIe siècle, au moment où l'empire romain venait de s'écrouler et où les nationalités modernes commençaient à se former ? C'était incontestablement l'idée chrétienne et surtout l'idée catholique, représentant alors avec le plus de netteté la doctrine des apôtres, moins entachée de néo-platonisme que les autres sectes, toute-puissante surtout dans les villes gallo-romaines. Elle appelait les esclaves et les serfs à la liberté, elle affranchissait et relevait la femme, elle conservait au milieu de la barbarie générale et des invasions multipliées les bienfaits de la civilisation grecque et romaine, enfin elle inspirait aux hommes une foi absolue et un dévouement sans bornes.

Semblables à un torrent, les Alains, les Vandales, les Huns ne firent que passer ; ils ne pouvaient rien fonder et n'ont laissé que des ruines. Mais voici venir trois peuples, assez forts pour entamer l'empire romain, trop faibles pour l'absorber et le rétablir à leur profit. Les Francs étaient païens, les Visigoths et les Lombards, qui vinrent plus tard, étaient chrétiens mais ariens. De quel côté vont se tourner les évêques ? Il semble que ce dût être vers ceux qui croyaient à leur Dieu, qui professaient leur culte et leur morale et que deux ou trois points de doctrine seulement distinguaient d'eux-mêmes. Eh bien, non ; les évêques appelèrent les païens et se déclarèrent ennemis mortels des chrétiens ariens. Ce serait d'ailleurs peu connaître l'esprit de secte, en général, que de croire qu'il pût en être autrement. N'avons-nous pas vu de nos jours le pape Pie IX et les jésuites, qui le dominaient, se déclarer pour le successeur de Mahomet contre les chrétiens grecs de la sainte Russie? Ne voyons-nous pas, chez nous-mêmes, le clergé catholique appeler de tous ses vœux, en haine d'un gouvernement laïque et tolérant en matière de religion, une restauration royale ou impériale qui tuerait la France? Partout et toujours le fanatisme agira de même.

Clovis, avec l'esprit de ruse et de duplicité qui le caractérisait, comprit à merveille le parti qu'il pouvait tirer d'une telle situation. Longtemps avant la mise en scène de Tolbiac, il était décidé à embrasser le catholicisme : le vase de Soissons le prouve. S'il invoqua contre les Allemans « le dieu de Clotilde », c'était bien plutôt pour préparer ses généraux et ses guerriers à l'abjuration qu'il méditait que pour appeler la Providence à son secours. Une fois que le fier Sicambre eût courbé la tête devant saint Remi, il marche de victoire en victoire : le roi de Bourgogne, Gondebaud, se déclare son tributaire; Alaric II, roi des Visigoths, est tué dans les plaines de Vouillé; le pape Anastase envoie au vainqueur les insignes de la dignité consulaire et ce chef de bandes germaniques se trouve ainsi, en quelques années, maître de la meilleure partie de l'empire romain.

Les richesses immenses mises en leurs mains par la conquête et le pillage, les vices de leur constitution politique et le morcellement perpétuel de leur empire ne permettent pas aux Mérovingiens de tirer tout le parti possible de cette alliance intime avec le catholicisme. L'idée catholique sommeille un instant, mais elle reparaît avec plus d'éclat sous Pépin d'Héristal, petit-fils de saint Arnulf, évêque de Metz. Les Mérovingiens ne peuvent plus rien pour l'Église, l'Église les mettra de côté. Tout d'abord, elle usera de ménagements, car elle n'est pas révolutionnaire, elle ; elle a fait couler l'huile sainte sur leur front, elle a dit aux peuples que le Roi était le représentant de Dieu sur terre, aussi attendra-t-elle patiemment que les peuples, dégoûtés de leur maître, lui forcent la main pour en désigner un autre. Pendant que les rois neustriens sont tenus en charte privée, l'ami de l'Église s'agite. Avec de nouvelles bandes austrasiennes tirées de la Germanie, il triomphe à Testry des Neustriens amollis ; il soumet les Bretons, les Frisons et les Allemans ; son fils Charles Martel arrête les Sarrasins sectateurs de l'islamisme, cette contrefaçon asiatique du christianisme, puis le pape Grégoire III, menacé par les Lombards ariens, l'appelle en Italie. L'incarnation de l'idée dominante dans les Francs est devenue si complète, que l'Eglise jette le masque et se décide enfin à sacrer Pépin le Bref ; dès lors les ennemis des Francs sont ceux de l'Église : les Lombards sont écrasés, le Pape devient un souverain temporel, l'Italie est livrée pour douze siècles à l'anarchie et aux invasions, puis Charlemagne n'a plus qu'à user de cette puissance, mise entre ses mains par l'Église, pour soumettre les Bavarois, les Saxons, les Avares, les Danois, les Slaves des bords de l'Oder et de la Vistule, et rétablir à son profit l'empire d'Occident.

Au XVIII^e^ siècle, l'idée dominante, conformément à la loi du progrès, n'était plus religieuse mais exclusivement politique. Las des abus de la royauté, comme ils l'avaient été deux siècles plus tôt des abus de la féodalité et de l'Église catholique, les peuples voulaient un gouvernement responsable, l'égalité devant la loi et l'impôt, l'ordre dans les finances et la propriété accessible à tous. Un instant vivace en Angleterre, cette idée avait dû se replier devant l'égoïsme de l'aristocratie, la vénalité du Parlement et l'intolérance du protestantisme; elle avait repassé le détroit et trouvé d'infatigables champions dans les philosophes et les encyclopédistes. Bientôt avec Vauban, Montesquieu, Voltaire, d'Alembert, J. J. Rousseau, elle remue le peuple; bientôt encore la monarchie vermoulue venant à chanceler, elle s'incarne dans les États généraux et la Convention nationale. Comment pourrions-nous, sans elle, expliquer le triomphe de la République française? Comment, sans elle, un peuple de vingt-quatre millions d'âmes, pauvre, ignorant, manquant de pain, d'officiers et de généraux, avec une armée et des armes improvisées, aurait-il pu résister, au dedans, à la trahison et à la guerre civile, au dehors, aux efforts d'un empire et de trois ou quatre royaumes? Ah! c'est que l'idée dominante, c'est-à-dire l'esprit de liberté, d'égalité, de fraternité, n'enflammait pas seulement les cœurs français; elle faisait encore soupirer tous les peuples opprimés, toutes les victimes de la féodalité européenne, tous les affamés d'instruction, de sécurité et d'indépendance. Après la victoire de Valmy, les peuples voisins se jetèrent dans nos bras. « C'était un spectacle étrange, dit Michelet; nos chants faisaient tomber toutes les murailles des villes. Les Français arrivaient aux portes avec le drapeau tricolore, ils les trouvaient ouvertes et ne pouvaient pas passer; tout le monde venait à leur rencontre et les reconnaissaient sans les avoir vus; les hommes les embrassaient, les femmes les bénissaient, les enfants les désarmaient. On leur arrachait le drapeau et tous disaient: « C'est le nôtre! »

Le roi de Sardaigne avait fait des préparatifs formidables, et cependant le général Anselme entre à Nice sans coup férir, il prend Villefranche avec quatorze dragons; Montesquiou se présente seul dans Chambéry au milieu d'un peuple ivre de joie. Dans le Nord, les Allemands des bords du Rhin viennent chercher eux-mêmes Custine; un professeur introduit l'armée française dans Worms et appelle l'Allemagne à la liberté; Nassau, Deux-Ponts, Saarbruck envoient des députés à la Convention et demandent leur réunion à la France. Aussi quand Napoléon vint, il trouva, comme Charlemagne, une force immense qu'il suffisait de mettre en jeu pour conquérir le monde. Pendant longtemps encore les peuples de l'Europe crurent voir le drapeau tricolore leur apporter dans ses plis la justice et la liberté; il fallut l'aveugle tyrannie et l'insatiable ambition du vainqueur pour leur dessiller les yeux. Si Napoléon s'était seulement douté du rôle que la loi du progrès lui faisait jouer, s'il avait compris qu'il ne devait sa gloire et sa puissance qu'aux principes de 89, à l'enthousiaste amour des peuples pour la liberté, l'Angleterre était écrasée, la Russie refoulée dans ses steppes, et l'Europe eût formé une vaste république fédérative. Mais, dans l'enivrement du triomphe, que fit-il? Il releva les autels abattus par la Convention et dont personne ne se souciait plus; il reforma une aristocratie pour remplacer celle que 93 avait décimée; il prit à tâche de rétablir un à un tous les abus de l'ancien régime et recula d'un siècle le triomphe définitif de la Révolution et de la France.

La fortune de Charles-Quint, de Louis XIV et de la Prusse actuelle est due à des causes particulières et d'un ordre moins élevé. L'empire de Charles-Quint, formé de tronçons épars, n'a jamais eu l'homogénéité ni la puissance des deux grands empires français. Charles-Quint ne serait devenu un grand potentat qu'en asservissant la France; aussi les Électeurs du Saint-Empire le préférèrent-ils à François Ier que la dignité impériale eût rendu maitre de l'Europe. Quant à Louis XIV, il a profité d'une force très grande que ses voisins étaient loin d'avoir, mais il ne représentait qu'une idée particulière, celle de l'unité monarchique, de même que le prince de Bismarck ne représente que l'idée de l'unité allemande, aussi n'a-t-il point formé d'empire et ne pouvait-il pas en former.

Aujourd'hui, quelle est l'idée dominante en Europe? Est-elle religieuse ou politique? Non. Conformément encore à la loi du progrès, elle est purement philosophique et sociale. La religion, la féodalité et les rois ont fait leur temps; les empires et les dogmes d'origine prétendue divine, indispensables au salut des peuples barbares, sont la négation de la souveraineté des peuples policés et de l'indépendance de la conscience; cependant, à défaut d'empire, nous pourrons voir se former en Europe, comme en Amérique, une puissante confédération de nations libres; à défaut de dogmes religieux, nous pourrons voir s'étendre et prédominer une morale laïque et philosophique dont les éléments sont gravés en caractères ineffaçables dans le cœur de tous les hommes.

Indiquons donc en traits rapides les principaux caractères de cette idée dominante et recherchons s'il ne serait pas possible, dès à présent, de prévoir en quel peuple elle s'incarnera et quelle nationalité fera prévaloir tôt ou tard, avec son aide, sa forme politique, ses principes moraux, sa civilisation et sa langue.

La Révolution française, entravée dans son cours par Napoléon, n'a pu éliminer de notre constitution sociale et politique deux principes morbides qui nous causent périodiquement de violents accès de fièvre, je veux parler de l'union de l'Église et de l'État, et du prolétariat industriel.

Le prêtre ne peut se marier, reconnaître, ni légitimer ses enfants : infraction au droit commun et naturel. — Il est exempté du service militaire : infraction à l'égalité devant l'impôt. — Il peut exciter impunément ses ouailles à la haine des citoyens entre eux et au mépris du gouvernement : infraction à la loi de sûreté générale. — Il reçoit son mot d'ordre d'un gouvernement étranger et obéit à ce gouvernement plutôt qu'aux magistrats de son pays : infraction inqualifiable. A quelles autres conséquences fâcheuses ne nous entraîne pas cette fatale alliance de l'Église et de l'État ? Je suis libre-penseur et je dois fournir ma quote-part au budget des cultes ; je professe une religion que l'État n'a pas reconnue et je ne puis ouvrir un temple à ma divinité ; je suis obligé enfin de laisser donner à mes enfants dans l'école communale une éducation religieuse et morale désapprouvée par ma conscience. Que dire encore de ces obstacles incessants opposés par l'Église à la propagation des lumières, de ces innombrables superstitions dont elle est l'inspiratrice, de ces capitaux immenses qu'elle retire de la circulation, de ces femmes et de ces hommes condamnés par elle au célibat et à la stérilité ? Ah ! si l'on jugeait la France à ce point de vue, nous déclarerions immédiatement que l'idée dominante du XIX$^{e}$ siècle ne s'incarnera jamais en elle. Mais l'union de l'Église et de la nation dépend d'une loi qu'on peut rapporter du jour au lendemain ; elle existe à la surface, non dans les cœurs ; tous les jours nous sentons davantage la nécessité de la rompre, et c'est encore la France, tout le laisse supposer, qui, la première en Europe, secouera le joug de la classe sacerdotale.

Le prolétariat industriel, avons-nous dit, est le deuxième élément morbide que la Révolution n'a pu éliminer. Ce n'est pas tout à fait à la réaction qu'on doit s'en prendre. Depuis cinquante ans, les progrès immenses de l'industrie ont enlevé aux campagnes un nombre considérable de bras et augmenté dans des proportions vraiment inattendues le nombre des prolétaires. Ces déplacements de population se sont accomplis, non seulement au détriment de l'agriculture, mais de ceux mêmes qui sont venus chercher dans les villes un salaire plus rémunérateur. La Révolution, en effet, par la vente des biens du clergé et de la noblesse émigrée, a rendu la propriété accessible aux paysans ; et c'est au moment où les bienfaits de cette grande réparation sociale commençaient à se faire sentir que ceux qui devaient en profiter ont inconsciemment lâché la proie pour l'ombre. Comment aujourd'hui remédier au mal ? Tous les esprits honnêtes sont d'accord sur ce point : c'est en rendant la possession du capital mobilier accessible au prolétaire comme on a rendu la possession de la terre accessible au paysan. La propriété ne s'acquiert légitimement que par le travail ; mais tandis qu'en agriculture le paysan livré à lui-même et presque sans capitaux, peut obtenir de bons résultats, l'industriel a besoin d'un outillage souvent compliqué et d'un grand nombre d'auxiliaires pour travailler et soutenir la concurrence. Que les prolétaires mettent donc en commun leurs forces et leur intelligence, qu'ils se pénètrent bien des principes de l'association et de la solidarité et ils ne tarderont pas à acquérir une part légitime du capital, comme les paysans se sont approprié le sol.

Eh bien, quel peuple en Europe cette idée de réformation sociale préoccupe-t-elle le plus ? L'Anglais a ses associations d'ouvriers et d'agriculteurs, il comprend la puissance de la solidarité ; cependant, avant de songer à affranchir le prolétaire industriel, il lui faut affranchir le paysan, le tenancier, le serf de la glèbe ; sa révolution politique n'est qu'ébauchée, il doit la finir ; s'il jouit d'une grande liberté individuelle, si la justice criminelle est entourée chez lui des plus précieuses garanties, il ignore l'égalité civile ; il est enserré entre une aristocratie puissante, immensément riche, et un clergé souverainement intolérant ; il voit rayonner au-dessus de lui, comme dans une impénétrable nuée, un pouvoir impersonnel, étranger, semble-t-il, au gouvernement et qui, en réalité, le conduit à sa guise, presque sans souci du Parlement et de la nation.

En Allemagne, le mouvement socialiste s'accentue depuis quelque temps d'une manière toute particulière ; néanmoins, là encore, ce n'est pas une révolution mais deux au moins qui sont nécessaires. L'instruction primaire y est répandue, mais le clergé protestant, le militarisme, l'aristocratie y dominent, presque tous les virus sociaux et politiques détruits en France par la Révolution y subsistent ; il n'y a guère que l'égalité et la liberté qu'on y remarque par leur absence. L'insondable orgueil de l'Allemand ne lui permet pas de bien juger de sa situation, et ce n'est pas de longtemps encore qu'il sentira la nécessité d'une révolution. Il a trop la tête dans les nuages pour s'apercevoir qu'il est à mi-corps dans la boue.

Pour devenir le champion de l'idée dominante d'une époque, un peuple ne doit pas seulement comprendre cette idée et la formuler, mais être encore en état de la faire triompher. La force est nécessaire à son expansion, elle la cherche et la prend où elle la trouve. Exclusivement sociale aujourd'hui, nous l'avons dit, elle a pour objet l'avènement du prolétariat à la propriété du capital mobilier et de l'outillage industriel.

Le moyen d'opérer une semblable révolution serait très simple, à en croire les politiciens de carrefour et certains socialistes : il suffirait de décréter la confiscation des grands instruments de travail, usines, fabriques, mines, salines, hauts-fourneaux, voies ferrées, etc., en faveur des ouvriers.

Cette mesure serait souverainement injuste ; on ne pourrait l'assimiler raisonnablement à celle qui fut prise par la Convention à l'égard des biens des princes émigrés et des propriétés du clergé. Le capital mobilier actuel a, en effet, une origine très légitime ; il est le produit de l'intelligence et du travail de ses propriétaires, tandis que les biens des émigrés et du clergé, provenant de la conquête ou des libéralités faciles du souverain, appartenaient en droit à la nation qui en avait été dépouillée ; de plus, une telle mesure ne pourrait produire qu'un bouleversement de la société, la ruine complète de l'industrie et du commerce français, enfin, la perte du crédit de l'État. Ceci n'a pas besoin de démonstration. Les socialistes intelligents et honnêtes l'ont compris, aussi préconisent-ils sagement le système de l'association, seul capable de réaliser ce grand progrès. La création des syndicats professionnels est un premier pas fait dans cette voie ; les sociétés de consommation, les banques populaires et l'instruction gratuite et obligatoire viendront compléter l'œuvre commencée.

La Révolution de 1789 a mis la terre aux mains des cultivateurs, mais les souffrances actuelles de notre agriculture prouvent qu'il ne suffit pas d'être propriétaire pour vivre à l'aise ; la concurrence étrangère est venue arrêter l'essor de nos paysans, et la source des bénéfices donnés par la petite culture s'est tarie. La reconstitution des grands domaines, l'application des procédés industriels à l'exploitation de la terre s'imposent donc d'une manière pressante. Est-ce à dire qu'il faudra reprendre aux petits propriétaires ce que la vente des biens nationaux a mis entre leurs mains ? Non, certes, mais ils seront bien obligés de suivre l'exemple des travailleurs industriels, de se syndiquer, de réunir leurs parcelles et d'employer, pour en tirer tout le parti possible, les instruments perfectionnés et les procédés préconisés par la science.

Une semblable révolution, toute pacifique, aurait des conséquences incalculables. Elle détruirait le paupérisme, c'est-à-dire ferait disparaître peu à peu cette classe de gens vivant au jour le jour, auxquels un chômage ou une maladie enlèvent tout moyen d'existence et qui, devenant nécessairement vagabonds, mendiants ou voleurs, vont peupler nos hôpitaux et nos prisons. En diminuant les grandes fortunes privées, qui sont un danger permanent pour l'égalité et la liberté des citoyens, elle augmenterait considérablement le bien-être individuel, rendant par là les brusques transformations sociales et politiques à peu près impossibles dans l'avenir ; elle élèverait le niveau de la moralité, ferait par conséquent disparaître les vices honteux de l'alcoolisme, de la prostitution et de la débauche sous toutes ses formes, favoriserait le développement physique du peuple et rendrait de plus en plus rares ces épidémies terribles qui déciment l'humanité.

Par conséquent, la nation qui secondera l'évolution commencée en France par la vente des biens nationaux, c'est-à-dire l'avènement de l'ouvrier à la possession du capital industriel et des grands instruments de travail, sera véritablement le champion de l'idée dominante du XIXe siècle et ne tardera pas à prendre le premier rang parmi les peuples de l'Europe.

La France républicaine me semble seule capable aujourd'hui de faire triompher, dans un avenir prochain, l'idée dominante de ce siècle ; néanmoins, c'est à la condition d'être prête à jouer ce grand rôle, quand le moment viendra, et de pouvoir, comme en 1793, lancer sur ses frontières quatorze armées enflammées du plus pur patriotisme.

---

# CHAPITRE XVII.

Des manifestations du patriotisme en France. — Sommes-nous prêts ? — Conclusion.

Le patriotisme est un sentiment très vivace en France, chez le peuple honnête et laborieux ; nous en trouvons la preuve dans le succès des romans historiques et militaires, des chansons et des pièces de théâtre où nos défaites et nos malheurs sont glorifiés, où l'on fait luire l'espoir de la revanche ; nous en trouvons une preuve plus grande encore dans les dons spontanés, les souscriptions ouvertes partout, les spectacles, bals et concerts organisés en faveur de nos soldats malades ou blessés. Les esprits aigris par la misère et le vice, les cœurs égoïstes et ambitieux, exclusivement préoccupés de leur intérêt, méconnaissent seuls ce noble sentiment ; aussi le trouvons-nous très affaibli dans le monde des publicistes, des hommes d'affaires et des politiciens de profession. Personne n'ose avouer cependant son indifférence à ce sujet, tous protestent énergiquement de leur patriotisme, mais les actes répondent peu aux discours, ce qui s'est passé à la chute du cabinet Ferry le prouve surabondamment. A l'annonce d'un échec insignifiant de nos armes dans l'extrême Orient, grossi avec une mauvaise foi évidente, les Députés ont condamné ce ministre sans lui donner le temps de s'expliquer, sans lui tenir compte des lois sur l'instruction primaire votées grâce à ses efforts persévérants et à son talent, des conquêtes faites, sous ses auspices, à Tunis et au Tonkin, sans même songer qu'ils l'avaient encouragé par leurs votes réitérés et s'étaient rendus solidaires de ses actes; ils n'ont même pas vu, tant les courants d'opinion sont subits et irrésistibles en France, qu'ils se contredisaient, se condamnaient eux-mêmes, et ils ont refusé de voter les deux cents millions demandés par le Gouvernement pour faire face aux exigences de la situation.

Je ne veux ni accuser ni défendre l'avant-dernier cabinet; il me sera permis, cependant, de faire remarquer combien fut différente la conduite de la Chambre des communes anglaises dans une circonstance tout à fait semblable. M. Gladstone avait certainement été moins habile que M. Jules Ferry; pendant toute une année, il avait laissé l'héroïque Gordon enfermé dans Kartoum, privé de tout secours; il avait éprouvé désastres sur désastres; n'ayant su prévoir la marche des Russes vers l'Afghanistan, il avait laissé par sa politique indécise l'Angleterre se lancer dans de ténébreuses aventures au moment où l'Irlande allait recourir aux résolutions les plus désespérées, et néanmoins, quand il est venu demander un crédit de deux cent soixante et quinze millions pour résister à la Russie menaçante, pas une protestation ne s'est fait entendre, pas un mot de blâme ne lui a été jeté à la face: whigs, torys, Irlandais se sont levés unanimement pour voter le crédit.

J'ai le regret de le dire, non seulement un certain nombre de nos représentants semblent ne pas avoir une notion bien exacte du patriotisme, mais beaucoup de mes concitoyens, surtout les gens du monde, méconnaissent la nature propre de ce noble sentiment. Vous êtes gais, vous recherchez le plaisir sous toutes ses formes : le patriote est triste et le sera jusqu'au jour de la revanche ; il travaille et s'efforce d'élever son courage à la hauteur de sa tâche.

Si la mode s'en mêlait, votre imagination s'enflammerait sans doute comme en 1870, vous ne rêveriez que batailles et victoires ; vos costumes de ville prendraient un faux air d'uniformes, les bottes à l'écuyère remplaceraient vos escarpins, vos femmes mettraient des cocardes dans leurs cheveux, des aiguillettes et des brandebourgs à leurs corsages, vous feriez la fortune des cirques et des pièces militaires. Si la guerre était déclarée, beaucoup parmi vous, les meilleurs assurément, courraient peut-être à la frontière comme ils iraient à une partie de plaisir et se feraient tuer vaillamment, mais tout cela ne serait pas encore du patriotisme.

Vous aimez le bruit, l'éclat, la renommée : le patriote est modeste, il réfléchit, il accepte toutes les corvées, il combat aussi bien la nuit qu'au grand jour et songe plus à la Patrie qu'à lui-même.

Vous seriez capables de courir au-devant des balles ennemies : le patriote ne cherchera pas à mourir, mais à vaincre par tous les moyens possibles, car le patriote mort, morte est la Patrie, et il veut la faire vivre à tout prix.

Vous prendriez des attitudes sur le champ de bataille, comme vos héros dans les mélodrames, mais vous seriez réfractaires à la discipline : le patriote rampera dans la boue, s'il le faut, il restera des journées entières sans riposter sous le feu, il ne cherchera ni les grades, ni les décorations, ni les citations à l'ordre du jour; il n'aura qu'une pensée, l'écrasement de l'ennemi, le triomphe de son drapeau. Quand la gloire viendra le chercher malgré lui, il demandera à retourner dans son village comme Jeanne d'Arc, ou refusera même le titre de premier grenadier de la République comme La Tour d'Auvergne, et la pauvre fille, le vaillant soldat, mourront tous les deux sur la terre étrangère, loin du doux foyer paternel.

Ne prenez pas le courage insouciant, l'amour de la gloire, l'ambition personnelle pour du patriotisme: César, débauché, perdu de dettes, amoureux des spectacles et des triomphes comme vous, marchait à pied et nu-tête, même en plein hiver, au premier rang de ses légions; quoique épileptique, il couchait sur la dure, traversait à la nage les torrents glacés et donnait en toute occasion l'exemple du courage et de la ténacité. Il se souciait peu de sa Patrie, mais son ambition, élevée à cette hauteur, confinait au patriotisme, car c'était encore Rome qu'il servait en servant ses propres intérêts. Si vous voulez absolument un maître, qui de vous sera César, et dans quels salons, dans quels cercles, sur quels boulevards César recrutera-t-il ses légions?

Le peuple est patriote, je l'ai dit; néanmoins son patriotisme demeure stérile parce qu'il ne sait et ne peut le diriger vers un but pratique; il vibre, ce patriotisme, aux accents héroïques, il s'attendrit, s'enthousiasme, puis s'évanouit en fumée comme un feu de paille. Le peuple a bien la vague espérance d'un retour de la fortune, il conserve vivace la haine de l'étranger, mais il ne prend aucune résolution virile, ne sachant quelle conduite tenir ni où frapper les premiers coups. Le moment n'est pas venu, lui disent les uns notre armement est incomplet, notre organisation militaire est défectueuse, disent les autres ; et les hommes politiques diffèrent tellement d'avis sur tous les points et sont dans un tel désarroi qu'on peut désespérer de réunir, d'ici longtemps, en un faisceau compact toutes les forces vives de la nation.

Dérouté par l'absence d'une politique sérieuse, le patriotisme doit encore lutter contre les dissolvants de toute sorte.

Pour le sceptique et l'égoïste, la Patrie est là où l'on vit bien, où l'on distribue de bonnes places, où l'on pêche en eau trouble, où la bourse et les valeurs cotées ont des allures capricieuses, où l'on fait passer l'épargne de l'honnête travailleur dans les coffres-forts du brasseur d'affaires. La couleur du drapeau importe médiocrement ; l'étranger peut venir, s'il est aussi facile à duper que le provincial, il sera le bienvenu ; peut-être les fumées de la gloire lui dissimuleront-elles ses intérêts matériels et fera-t-on bientôt de ce vainqueur insolent ce que les fils d'Israël, méprisés, maltraités, rançonnés pendant dix-huit siècles, ont fait en cinquante ans du chrétien tout-puissant.

Après les agioteurs et les égoïstes viennent les corrompus. Foin des batailles, vivent les théâtres, les tripots, les mondaines, la mode, le turf, la grande vie ! Et ces gommeux, ces reporters du soi-disant grand monde, cette pourriture de la classe élégante aussi infecte que la pourriture des souteneurs et des récidivistes, empoisonnent la conscience publique et font avorter les germes honnêtes qui, malgré tout, subsistent et se perpétuent dans le vrai et grand peuple.

Ne verrons-nous donc pas un jour dans l'enceinte du

Parlement, surgir un orateur patriote, qui rappellera ses collègues au sentiment de la réalité, dont la parole puissante, la mâle éloquence entraînera les masses et fera jaillir la flamme du roc où elle est emprisonnée? Ou bien à défaut d'un Pierre l'Ermite, d'une Jeanne d'Arc, d'un Danton, ne s'établira-t-il pas dans la nation un de ces courants d'opinion capables de pousser tout un peuple à la frontière et de lui faire renverser tous les obstacles? J'ai entendu dire qu'une simple pierre tombée d'un sommet neigeux pouvait quelquefois produire une avalanche : puisse la simple parole d'un patriote réveiller le courage français et déterminer le Parlement à prendre dès à présent les mesures que comporte la situation!

Nos armées, nos flottes, sont-elles prêtes, oui ou non? Nos forteresses sont-elles suffisantes, nos arsenaux garnis? Je laisse aux hommes compétents le soin de traiter ces questions; cependant j'éprouve certaines craintes en jetant les yeux autour de moi, dans cette bourgade où les vicissitudes de la vie m'ont contraint de planter ma tente. Je l'ai déjà dit, si la guerre venait à éclater subitement, les garnisons prussiennes de Metz et de Thionville, renforcées depuis longtemps, envahiraient dès le premier jour nos frontières de l'Est. La mobilisation rendue par là absolument impossible dans l'arrondissement de Briey, dans les cantons de Pont-à-Mousson, de Nomeny, de Nancy-Est et Nord, d'Arracourt, de Blâmont, de Badonviller, de Senones, de Baccarat et de Raon-l'Étape, serait très difficile dans le restant du département de Meurthe-et-Moselle et dans une partie de la Meuse. Non seulement nos garnisons de Longwy, de Pont-à-Mousson et de Nancy sont trop faibles pour s'opposer à l'entrée de l'ennemi, mais encore les agents de la mobilisation nous font défaut. Tout le monde sait que les ordres de mobilisation doivent être exécutés par les gendarmes et les maires ; or les brigades sur cette partie de notre frontière sont même insuffisantes pour y assurer le bon fonctionnement de la police judiciaire. Dans l'important centre industriel de Longwy, les gendarmes sont surmenés ; à Jœuf, où se trouvent de nombreux hauts fourneaux, et malgré d'incessantes réclamations, il n'y a pas de brigades, pas plus qu'à Hussigny et à Villerupt dont les territoires confinent à la Belgique, au Luxembourg et à l'Alsace-Lorraine. Là où il faudrait des maires instruits, énergiques, on trouve de très honnêtes gens, à la vérité, mais tout à fait dépourvus des qualités nécessaires pour assurer l'exécution d'une mesure aussi grave que l'armement subit et général du pays. Ces contrées, dit-on, sont sacrifiées de parti pris, tous nos plans de campagne prévoyant une invasion de l'ennemi et une guerre défensive : serait-ce vrai ! Nous, dont les qualités militaires se développent surtout dans l'attaque, nous n'admettrions pas l'éventualité d'une marche en avant ? Nous ferions violence à notre nature, nous démentirions tout notre passé, nous attendrions nos adversaires derrière des retranchements ? Encore une fois, cela n'est pas possible ! Par conséquent, pas un seul de nos réservistes, pas un arpent de notre territoire ne doivent être sacrifiés sans que nous ayons combattu ; il faut transformer nos communes frontières en confins militaires, y doubler les brigades de gendarmerie ; il faut y assurer l'élection, comme maires, d'anciens soldats intelligents et énergiques, il faut y créer de nouvelles garnisons de cavalerie moins éloignées que celles de Toul, de Verdun, de Châlons; il faut enfin se préparer, non pas à résister à une invasion, mais à porter résolument la guerre sur le territoire ennemi.

En résumé, la France républicaine n'a pas encore de politique nationale bien définie, je crois l'avoir démontré; elle manque d'un Conseil qui, seul, pourrait imprimer à cette politique la direction éclairée, sage, prévoyante, résolue, dont les résultats ont été si brillants chez nos voisins, qui pourrait lui donner l'esprit de suite absolument indispensable à la réalisation de toute grande œuvre sociale. Dans nos entreprises, depuis le commencement du siècle surtout, loin de faire naître et de diriger les événements, ce sont les événements qui nous ont surpris et conduits. J'en trouve la preuve, non seulement dans l'histoire des soixante dernières années, mais tout particulièrement dans un discours prononcé à la Chambre, le 31 mai 1885, par M. Félix Faure, ancien sous-secrétaire d'État. « Ce n'est pas seulement au Cambodge, dit-il, qu'il y a eu de l'irrésolution et de l'incertitude, c'est dans les pays voisins. Je ne sais pas si le Gouvernement avait un plan bien arrêté sur la conduite à tenir dans les provinces voisines; dans tous les cas, il y a eu défaut d'unité dans la direction, et de fréquents changements de personnes, dans les chefs chargés de représenter la France là-bas, du civil au militaire, du marin au soldat. A mon sens, cela dénote un manque de plan et une grande irrésolution qui nous ont porté un grand préjudice. » Et le 11 juillet suivant, M. Rouvier, ancien Ministre du commerce, vient faire cet aveu significatif: « L'expédition du Tonkin n'a pas été un acte de notre politique coloniale, mais la conséquence des événements qui se sont déroulés dans l'extrême Orient depuis la conclusion du traité de 1874 avec l'Annam. Au Tonkin et en Chine, il n'y a pas eu de politique coloniale, mais le souci de la défense du drapeau. » Ainsi nos gouvernants concluent des traités sans se préoccuper de leurs conséquences ! L'Assemblée nationale et Thiers, en signant le traité de Francfort, en ont au moins prévu les suites inévitables puisqu'ils ont décrété la création d'une armée de deux millions d'hommes et la reconstitution de notre matériel de guerre au prix des plus grands sacrifices.

Le désarroi de notre politique n'avait pas encore été mis en évidence d'une manière aussi nette, aussi générale, que dans la dernière discussion parlementaire sur le Tonkin. « Nous n'avons jamais eu de programme défini, dit M. Le Myre de Villiers, nous n'avons jamais su ce que nous voulions faire ; d'autre part, le personnel dirigeant n'ayant pas d'instructions spéciales est perpétuellement divisé. Chacun cherche à empiéter sur les attributions de son voisin. Il y a conflit entre la marine, la guerre, l'administration et la justice. » — « Si l'on continue à suivre le système adopté jusqu'ici, s'écrie M. Freppel à la tribune de la Chambre, si l'on ne sait pas bien au juste ce que l'on veut, si l'on avance aujourd'hui pour reculer demain ; en un mot, si l'on marche sans plan conçu d'avance et sans but arrêté, il est clair que, dans de telles conditions, vous ne pouvez pas mesurer exactement l'étendue de vos sacrifices. — Si, après chaque élection législative, si à chaque changement de ministère, vous bouleversez de fond en comble votre politique vis-à-vis de l'étranger ; si vous revenez continuellement sur ce qui a été décidé; si vous remettez toutes choses en question, si vous abandonnez des expéditions en cours, si chaque année vous changez d'objectif et de plan, je dis que vous laissez flotter au hasard les destinées de la France, je dis que vous ne pouvez plus rien entreprendre de grand, ni de sérieux, ni de durable; je dis qu'on ne comptera plus avec vous dans le monde entier; je dis que, dans ce cas, il vaudrait mieux renoncer à toute politique extérieure et vous replier sur vous-mêmes, dans l'isolement d'une nation qui, ne sachant plus ce qu'elle veut et ne faisant plus ce qu'elle doit, est fatalement condamnée à l'impuissance et à l'inaction. »

Le désarroi n'existe pas seulement dans la politique extérieure, il est encore dans la législation et l'administration. Depuis vingt ans, la France entière réclamait la relégation des récidivistes incorrigibles; après des résistances et des atermoiements inexplicables, une loi a été votée, mais presque aussitôt une seconde loi, sur les moyens de prévenir la récidive, venait compromettre l'efficacité de la première. Aujourd'hui, par suite des hésitations du pouvoir exécutif, elle menace de rester à l'état de lettre morte. On craint d'envoyer les condamnés dans la Guyane parce que la fièvre jaune y sévit de temps à autre! Pourquoi alors y envoyez-vous des administrateurs, des magistrats, des soldats, des marins? Pourquoi votre sollicitude se manifeste-t-elle plutôt à l'égard des criminels que des honnêtes gens? Pourquoi encore la discussion des questions de grâces et d'amnistie qui, depuis 1872, ne concernent guère que les malfaiteurs de droit commun, prend-elle plus de temps et passionne-t-elle plus le monde politique que la discussion des questions commerciales, industrielles et agricoles? En vérité, certains personnages nous laisseraient croire qu'ils ont un intérêt particulier à augmenter le corps électoral de cette tourbe envahissante. Revenons donc à la raison et donnons enfin à notre politique générale une orientation définitive.

Certes, il y aura toujours de l'imprévu dans la vie des peuples comme dans celle des hommes, mais l'intelligence et la sagesse humaines peuvent diminuer la quantité de cet imprévu et en atténuer les conséquences fâcheuses; en tous cas, dès qu'un événement inattendu se produira, nous calculerons immédiatement sa portée, sans précipitation, sans passion; puis, guidés par une méthode rigoureuse, nous le ferons tourner à notre avantage avant même que nos adversaires aient songé à lui prêter la moindre attention.

Ce que nous devons souhaiter encore ardemment, c'est un réveil plus complet du patriotisme en France, surtout dans les classes supérieures et instruites; c'est la fin de ces compétitions ambitieuses, de cette chasse affolée aux portefeuilles et aux emplois lucratifs; c'est l'apaisement de ces querelles byzantines, signe caractéristique des peuples en décadence; c'est une éducation virile d'où naît la confiance en soi, le mépris de la mort et cet amour de la vraie gloire qui font les grands citoyens et les héros.

Maintenant, va, petit livre ! Si les cœurs français sont encore bons conducteurs du patriotisme, tu feras ton chemin ; dans le cas contraire, tu iras rejoindre, sous le pilon, tous les papiers que l'encre a noircis inutilement.

C. L.

# TABLE DES MATIÈRES

Nancy, imp. Berger-Levrault et Cie.

Nancy, impr. Berger-Levrault et Cie.

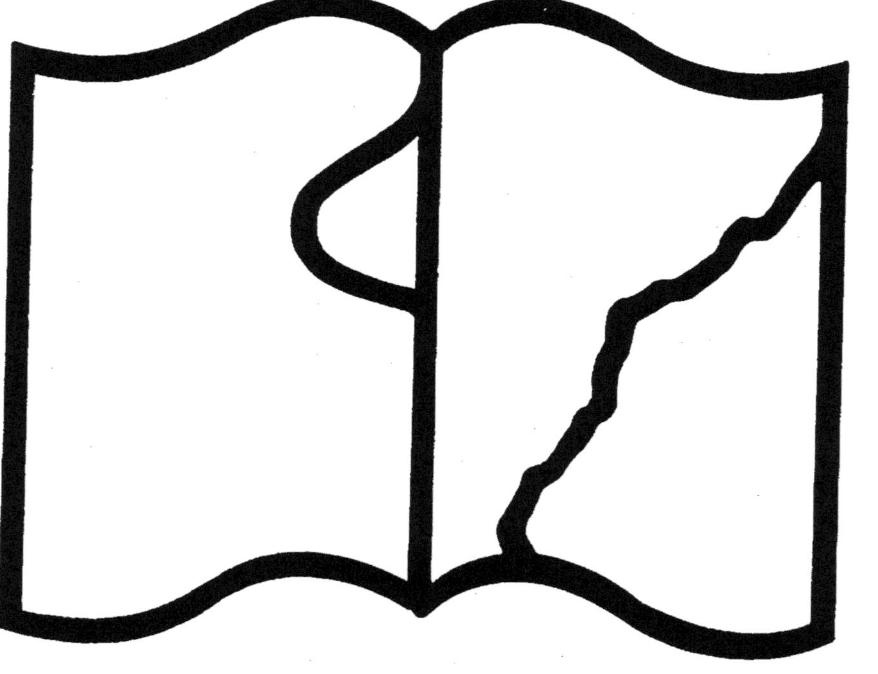

Texte détérioré — reliure défectueuse

NF Z 43-120-11

www.ingramcontent.com/pod-product-compliance
Ingram Content Group UK Ltd.
Pitfield, Milton Keynes, MK11 3LW, UK
UKHW012020240726
13965UKWH00002B/483

9 782013 359894